JN090615

Das Alphabet

		名 称	音 価		
A	a	[aː]	[aː]	[a]	
B	b	[beː]	[b]	[p]	
C	c	[tseː]	[k]		
D	d	[deː]	[d]	[t]	
E	e	[eː]	[eː]	[ɛ]	[ə]
F	f	[ɛf]	[f]		
G	g	[geː]	[g]	[k]	
H	h	[haː]	[h]	[:]	
I	i	[iː]	[iː]	[i]	[ɪ]
J	j	[jɔt]	[j]		
K	k	[kaː]	[k]		
L	l	[ɛl]	[l]		
M	m	[ɛm]	[m]		
N	n	[ɛn]	[n]		
O	o	[oː]	[oː]	[ɔ]	
P	p	[peː]	[p]		
Q	q	[kuː]	[kv] (← qu)		
R	r	[ɛr]	[r]		
S	s	[ɛs]	[s]	[z]	
T	t	[teː]	[t]		
U	u	[uː]	[uː]	[ʊ]	
V	v	[faʊ]	[f] まれに [v]		
W	w	[veː]	[v]		
X	x	[ɪks]	[ks]		
Y	y	[ýpsilɔn]	[yː]	[ʏ]	
Z	z	[tsɛt]	[ts]		
	ß	[ɛstsét]	[s]		

		名 称	音 価	
Ä	ä	[ɛː]	[ɛː]	[ɛ]
Ö	ö	[øː]	[øː]	[œ]
Ü	ü	[yː]	[yː]	[ʏ]

Probe Deutsch

• Yukiko Hashimoto

HAKUSUISHA

──────── 音声ダウンロード ────────

白水社ホームページ（https://www.hakusuisha.co.jp/ download/）から音声をダウンロードすることができます。 （お問い合わせ先：text@hakusuisha.co.jp） ※なお、別に教室用CD（非売品）の用意があります。

吹込者：　Marei Mentlein / Thomas Meyer
収録箇所：アルファベート、発音、各課例文、Übungen、数詞、巻末DIALOG & TEXT

イラスト　著者
装丁・本文レイアウト　株式会社エディポック＋株式会社ELENA Lab.

はじめに

　この教科書は、ドイツ語を初めて学ぶ学生のための文法教科書です。

　独和辞典を使う手間を省いた、学生にやさしい仕立ての教科書が普及して久しくなってきました。私個人の実感としては、ドイツ語に対する学生の抵抗感が少なくなった半面、いつまでたってもドイツ語をほとんど理解しないまま1年間の授業を終える学生が増えたように思います。

　そこで本書は、語学学習の原点に立ち戻り、独和辞典を学生が使う回数をあえて増やし、独和辞典で単語を調べてじっくりドイツ語と向き合い、地道に学べるタイプの教科書を目指しました。

　本書を作る上で目指したのは、以下の3つです。

❶　1課につき見開き2ページで学べるようにしました。1回の授業で扱うのは3項目にしぼり、1つの課にじっくり取り組めるようにしています。

❷　1回の授業で、90〜100分のうちの約半分、45分で文法説明と練習問題の大きい番号1〜2番を終えられるようにしました。残りの45〜55分は、この教科書を採用なさった先生方が自由に授業ができるようにしました。会話練習や文章読解練習に充てたりするなど、学生自身がドイツ語を使ってみる機会も増やせると思います。

❸　オンライン授業での事後課題として使える練習問題(書き換え問題や独作文問題)が多くなるよう努めました。

　「コミュニケーションのための外国語」を目指す語学教育が多くなってきましたが、文法理解がなければ、リスニング能力もスピーキング能力も伸ばすことはできません。一見、時代に逆行したかのように見えるこの教科書が、コミュニケーション能力を伸ばす方向にも役立つとすれば、うれしく思います。

2022年春

著　者

Inhalt［目次］

Lektion ① アルファベートとあいさつ

① アルファベート

ドイツ語で使う文字です。英語との違いを意識しながら発音してみましょう。

A	アー	H	ハー	O	オー	V	ファオ	Ä	エー
B	ベー	I	イー	P	ペー	W	ヴェー	Ö	エー
C	ツェー	J	ヨット	Q	クー	X	イクス	Ü	ユー
D	デー	K	カー	R	エァ	Y	ユプスィロン	ß	エスツェット
E	エー	L	エル	S	エス	Z	ツェット		
F	エフ	M	エム	T	テー				
G	ゲー	N	エン	U	ウー				

② 特殊な文字について

Ä　アー・ウムラオト　Aの口の構えで「エー」

Ö　オー・ウムラオト　Oの口の構えで「エー」

Ü　ウー・ウムラオト　Uの口の構えで「イー」

ß　エスツェット　　　大文字はなく、小文字だけで使用。発音は「ス」　例：Fußball［フースバル］サッカー

③ あいさつ

ドイツ語での基本的なあいさつ表現です。まず発音してみましょう。どういう意味か推測してみましょう。

Guten Morgen！/ Guten Tag！/ Guten Abend！/ Gute Nacht！

Auf Wiedersehen！/ Tschüs！

Entschuldigung！

(Das) macht nichts！

Danke schön！

Bitte schön！

Wie geht es Ihnen？

Danke, sehr gut. Und Ihnen？

Freut mich (sehr)！

Ganz meinerseits！

A 次の略号を発音してみましょう。　🎧 **DL 004**

1）BMW　　2）VW　　3）pH　　4）CDU　　5）SPD

6）ZDF　　7）ARD　　8）EU　　9）ICE　　10）LH

B まず、1）〜10）のあいさつやとっさの一言の音声を聞いてみましょう。その後、音声をまねて発音してみましょう。（カッコ内はその表現が使われている地域です）　🎧 **DL 005**

1）Grüß Gott！（南ドイツ・オーストリア）　　2）Grüezi！（スイス）

3）Servus！（南ドイツ・オーストリア）　　4）Moin！（北ドイツ）

5）Zum Wohl！　　6）Alles Gute！

7）Guten Appetit！　　8）Frohe Weihnachten！

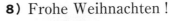

9）Guten Rutsch ins neue Jahr！　　10）Prosit Neujahr！

Lektion ② 発音

❶ ３大原則 🎧 DL 006

1）だいたいローマ字式に発音。

haben	gut
links	rot

2）アクセントは第１音節に多い。

geben	Foto
finden	Heft

3）アクセントのある母音のすぐ後に、

- 子音が１つ ➡ アクセントのある母音は長く発音。 　haben　gut
- 子音が２つ以上 ➡ アクセントのある母音は短く発音。 　kommen　danken

❷ 注意すべき母音の発音 🎧 DL 007

1）ウムラオト付き母音

ä	Aの口の構えで［エ］	Dänemark	hängen	Träne
ö	Oの口の構えで［エ］	Öl	können	Röntgen
ü	Uの口の構えで［イ］	Rücken	Glück	müssen

2）複母音

au	［アオ］	Haus	kaufen	Auto	blau
ei	［アイ］	eins	klein	Arbeit	Krankheit
äu/eu	［オイ］	Räume	neu	Europa	heute
ie	［イー］	Liebe	tief	Frieden	Kiel

3）重母音　アルファベットの音通りに単純に長く伸ばして発音。

Haar	Tee	Moos

4）母音＋h　直前の母音だけ長く伸ばし、hは発音しません。

Ahnung	Ehe	ihn	Kohl	Ruhe

❸ 注意すべき子音の発音 🎧 DL 008

1）

j	［ヤ行で発音］	Japan	jung	Jodel	jemals
v	［フ］	voll	aktiv	viel	Vogel
w	［ヴ］	Wein	wenn	was	wollen
z	［ツ］	Zahn	Zeit	Zoo	ziehen

2）

s＋母音	sagen	sehen	singen	Sonne
ss/ß	essen	Pass	Fuß	groß
sch	Schule	schließen	Fisch	Fleisch
tsch	tschüs	Deutsch		
語頭のsp-/st-	Sport	spät	Stein	Stuhl

3）

ch① a/o/u/auの後	Bach	doch	Buch	auch
ch② ①以外	ich	echt	Milch	China
語末の-ig	König	billig	fleißig	langweilig
chs/x	sechs	Fuchs	Luxus	Taxi

4）

語末の-b/-d/-g	halb	Hand	und	Tag
pf	Kopf	Pflanze	Pferd	Pfund
qu	Quittung	Quelle	bequem	Qual
dt/th	Stadt	Thema	Theater	Bibliothek
ts/tz/ds	nachts	jetzt	abends	Platz
語末の-er/-r	Mutter	aber	wir	ihr

5）外来語　以下の語はアクセントが第1音節にないので注意。

Restaurant	Familie	Nation	Museum	Klavier	Student

次の数詞を発音してみましょう。

DL 009

1	eins	11	elf
2	zwei	12	zwölf
3	drei	13	dreizehn
4	vier	14	vierzehn
5	fünf	15	fünfzehn
6	sechs	16	sechzehn
7	sieben	17	siebzehn
8	acht	18	achtzehn
9	neun	19	neunzehn
10	zehn	20	zwanzig

動詞の現在人称変化

Lektion 3

1 主語として使う人称代名詞

英語のI、you などに相当する語は以下の通りです。

		単数	複数
1人称		ich 私は	wir 私たちは
2人称	親称	du 君は	ihr 君たちは
	敬称	Sie あなたは	Sie あなた方は
3人称		er 彼は sie 彼女は es それは	彼らは sie 彼女らは それらは

ドイツ語では、2人称は親称と敬称の2種類があります。親称は家族や友人といった、心の距離が近い相手に、敬称は親密ではない人のような、心の距離が遠い相手に使います。

2 動詞の現在人称変化（規則動詞と sein・haben）

ドイツ語の動詞は、語幹＋語尾でできています。動詞の原形（不定詞）は語幹＋en です。これをもとにして、主語に合わせて語尾だけ変化させ、文の中で使います。

ただし、sein（英 be）と haben（英 have）は最重要動詞で、特別な変化をします。

	kommen 来る	sein ～である	haben 持っている
ich	komme	bin	habe
du	kommst	bist	hast
er/sie/es	kommt	ist	hat
wir	kommen	sind	haben
ihr	kommt	seid	habt
sie	kommen	sind	haben
Sie	kommen	sind	haben

3 語順

1）平叙文　S＋V...　または、主語以外の語＋V＋S...
　　Ich **komme** aus Japan.　　私は日本から来ています（日本出身です）。
　　Aus Japan **komme** ich.　　日本から私は来ています。

2）疑問詞なし疑問文　V＋S...？
　　Kommen Sie aus Japan?　　あなたは日本出身なのですか？

3）疑問詞付き疑問文　疑問詞＋V＋S...？
　　Woher **kommen** Sie?　　どこからあなたは来ていますか（あなたはどこの出身ですか）？

10

● 独和辞典を使って、次の問題に取り組んでみましょう。

A 次の動詞の意味と、現在人称変化を書きなさい。 **011**

不定詞(意味)	wohnen ( )	lernen ( )	spielen ( )
ich			
du			
er/sie/es			
wir			
ihr			
sie			
Sie			

B 和訳に合うように、<u>下線部</u>には動詞の語尾を、[ ] には sein または haben の変化形を、( ) には主語になる代名詞を入れなさい。 **012**

1) Das [ ] Lisa. ( ) komm___ aus Deutschland. ( ) wohn___ in München. こちらはリーザです。彼女はドイツ出身です。彼女はミュンヘンに住んでいます。

2) Klaus und Heinz [ ] Schüler. ( ) lern___ Japanisch. ( ) spiel___ gern Fußball.

クラウスとハインツは生徒です。彼らは日本語を勉強しています。彼らはサッカーをするのが好きです。

3) Komm___ ( ) aus Deutschland, Lisa? – Ja, ( ) komm___ aus Deutschland.

君はドイツ出身なのかい、リーザ？ ―ええそうよ、私はドイツ出身よ。

4) Lern___ ( ) jetzt Chinesisch, Klaus und Heinz?

– Nein, ( ) lern___ jetzt Japanisch.

君たちは今中国語を勉強しているの、クラウスとハインツ？

―ううん、僕たちは今日本語を勉強しているんだよ。

C 日本語をドイツ語にしなさい。( )内の単語を必ず全部使うこと(Lektion 4以降も同様)。 **013**

1) ハインツ(Heinz)はコーヒー(Kaffee)を淹れます(kochen)。彼はコーヒーを飲む(trinken)のが好き(gern)です。

_____

2) リーザは上手に(gut)ピアノ(Klavier)を弾きます(spielen)。彼女はたびたび(oft)音楽(Musik)を聴きます(hören)。

_____

3) 君は体の具合が悪いの(体の具合が悪い＝病気である：krank sein)？

―ええ、私は具合が悪いです。それに(und)私は今、熱があります(熱をもっている：Fieber haben)。

_____

定冠詞と不定冠詞

1 名詞の数・性・格

1）名詞の数 単数と複数の２つです。 ※複数形の詳細は後の課で説明します。

例 単数形(*sg.*) ➡ Kind(子ども) 複数形(*pl.*) ➡ Kinder(子どもたち)

2）名詞の性 単数形のみ、男性・女性・中性の３つのグループに分かれます。

男性 *m.*	女性 *f.*	中性 *n.*
Vater 父	Mutter 母	Kind 子ども
Hund 犬	Katze 猫	Tier 動物
Wein ワイン	Milch 牛乳	Bier ビール

3）名詞の格 １～４格までの４つです。

　１格は主語(～は・～が)、２格は所有(～の)、３格は間接目的語(～に)、４格は直接目的語(～を)を表します。

2 定冠詞

英語のthe に相当します。基本的な意味は「その～」ですが、訳出しないこともあります。文脈上すでに登場している名詞に付けて使うことが多いです。

	m. 父	*f.* 母	*n.* 子ども	*pl.* 子どもたち
1格 (その)～が・は	der Vater	die Mutter	das Kind	die Kinder
2格 (その)～の	des Vaters	der Mutter	des Kind(e)s	der Kinder
3格 (その)～に	dem Vater	der Mutter	dem Kind	den Kindern
4格 (その)～を	den Vater	die Mutter	das Kind	die Kinder

※男性２格・中性２格・複数３格は、名詞の後ろにも特定の文字を追加します。

1格 <u>Der Vater</u> trinkt gern Bier.　　父はビールを飲むのが好きだ。

2格 Das Auto <u>des Vaters</u> ist neu.　　父の自動車は新しい。

3格 Die Kinder danken <u>dem Vater.</u>　　子どもたちは父に感謝する。

4格 Die Kinder lieben <u>den Vater.</u>　　子どもたちは父を愛している。

3 不定冠詞

英語のa[n]に相当します。基本的な意味は「１つの～、ある～」ですが、訳出しないこともあります。文脈上初登場する名詞に付けて使うことが多いです。複数形はありません。

	m. パソコン	*f.* バッグ	*n.* 家
1格 (１つの)～が・は	ein Computer	eine Tasche	ein Haus
2格 (１つの)～の	eines Computers	einer Tasche	eines Hauses
3格 (１つの)～に	einem Computer	einer Tasche	einem Haus
4格 (１つの)～を	einen Computer	eine Tasche	ein Haus

Maria kauft <u>eine Tasche</u> und <u>einen Computer.</u>　マリアはバッグとパソコンを買います。

Übungen

🎧 015

A 和訳に合うように、<u>下線部</u>にふさわしい定冠詞の語尾を入れなさい。

（名詞の性は辞書で調べること）

1） D＿＿ Mutter d＿＿ Schülers ist Lehrerin.
その男子生徒の母親は教師だ。

2） Ich schicke d＿＿ Schwester d＿＿ Paket.
私は姉にその荷物を送る。

3） Wir kennen d＿＿ Bruder d＿＿ Studentin gar nicht.
私たちはその女子学生の兄を全く知らない。

🎧 016

B 和訳に合うように、<u>下線部</u>にふさわしい不定冠詞の語尾を入れなさい。語尾が不要の場合は△を付けなさい。（名詞の性は辞書で調べること）

1） Draußen spielt ein＿＿ Kind.
外で一人の子が遊んでいる。

2） Matthias hat ein＿＿ Hund und ein＿＿ Katze.
マティアスは犬と猫を（一匹ずつ）飼っている。

3） Ein＿＿ Mann schenkt ein＿＿ Frau ein＿＿ Geschenk.
ある男性がある女性にプレゼントを贈る。

C 日本語をドイツ語にしなさい。（　　）内に指示している動詞（不定詞）と冠詞＋名詞（1格形）は必要に応じて変化させること。

🎧 017

1） ここに（hier）ある医師（ein Arzt）の診療所（die Klinik）がある（sein）。[「ここに」を文頭にすること]

_____

2） その女性（die Frau）は、ある男子生徒（ein Schüler）に道（der Weg）を教える（zeigen）。

_____

3） ある女子学生（eine Studentin）がその教授（der Professor）にEメール（eine E-Mail）を送信する（senden）。

_____

4） なぜ（warum）君はその歌手（der Sänger）の息子（der Sohn）を知っている（kennen）の？

_____

名詞の複数形 DL 018

1 複数形の種類（5種類）

種類	例 （単数形─複数形の順に表示）		メモ
①無語尾型	das Fenster – die Fenster	（窓）	男性名詞に多い。
	der Vater – die Väter	（父）	
	die Mutter – die Mütter	（母）	
②E型	der Tisch – die Tische	（机）	男性名詞や中性名詞に多い。
	das Heft – die Hefte	（ノート）	
	die Nacht – die Nächte	（夜）	
③ER型	das Kind – die Kinder	（子ども）	1音節の中性名詞に多い。
	der Mann – die Männer	（男の人、夫）	
④(E)N型	die Blume – die Blumen	（花）	女性名詞に非常に多い。
	die Frau – die Frauen	（女の人、妻）	
⑤S型	das Auto – die Autos	（自動車）	外来名詞。
	die Kamera – die Kameras	（カメラ）	

2 複数形の調べ方

複数形のつづりは名詞によって決まっています。独和辞典で、以下の斜線を使った表記を必ず確認してください。

例　der Tisch [⋯] –(e)s／-e　机　　または、der Tisch [⋯] –(e)s／Tische　机

斜線の右側が複数1格形です。ここを見れば複数形の作り方がわかります。

3 複数名詞の格変化

定冠詞＋複数名詞の格変化は、すでに前の課で説明していますが、複数形の種類によっては注意が必要です。

	大原則	複数3格のとき注意	
	子どもたち [ER型]	女性たち [(E)N型]	自動車（2台以上） [S型]
1格	die Kinder	die Frauen	die Autos
2格	der Kinder	der Frauen	der Autos
3格	den Kindern	den Frauen	den Autos
4格	die Kinder	die Frauen	die Autos

(E)N型とS型複数名詞の場合、3格のうしろに -n を付けません。（発音できないので）

Die Lehrer geben den Schülern Formulare.　　先生たちが生徒たちに用紙を配る。

Wir schenken den Frauen Blumen.　　　　　　私たちはその女性たちに花を贈る。

↑(E)N型複数名詞3格なので追加の -n は付いていない。

Übungen

A 単数形の名詞は複数形に、複数形の名詞は単数形にしなさい。(　　)には名詞の意味も書くこと。

	a) 単1格、複1格	b) 単1格、複1格	c) 単1格、複1格
1)	die Tasche, _____ (　　　　　　　　)	_____ , die Eier (　　　　　　　　)	der Stuhl, _____ (　　　　　　　　)
2)	_____ , die Bücher (　　　　　　　　)	die Tochter, _____ (　　　　　　　　)	das Sofa, _____ (　　　　　　　　)
3)	der Sohn, _____ (　　　　　　　　)	_____ , die Häuser (　　　　　　　　)	_____ , die Bäume (　　　　　　　　)

B 下線部の名詞をすべて複数形にして、全文を書き換えなさい（**1**）と**4**）の不定冠詞付き名詞を複数形に変える場合、前に冠詞を置かず複数形名詞だけで書き換えます）　*が付いた名詞の複数形に注意　🎧 **019**

1） Sophie hat <u>eine Freundin</u>*.

_____

2） <u>Der Lehrer</u> der Schule ist sehr nett.

_____

3） <u>Das Kind</u> dankt <u>der Mutter</u>.

_____

4） Die Frau erzählt <u>dem Mädchen</u> <u>eine Geschichte</u>.

_____

C 日本語をドイツ語にしなさい。　🎧 **020**

1） その5人の客(der Gast)は何を(was)飲んでいます(trinken)か？

_____

2） その子ども(das Kind)たちの先生(die Lehrerin)を私はよく(gut)知っている(kennen)。
[「その子どもたちの先生を」から書き始めること]

_____

3） 彼はその人たち(die Leute)に事情(der Umstand)を説明している(erklären)。

_____

冠詞類①（定冠詞類）

1 定冠詞類

定冠詞と似た格変化をする冠詞で、以下の7つがあります。

dieser この~	jener あの~	welcher どの~？
aller すべての~	jeder それぞれの~、どの~も	
solcher そのような~	mancher 少なくない数の~	

2 定冠詞類 dieser の格変化

	m. この男性	f. この女性	n. この子ども	pl. この子どもたち
1格	dieser Mann	diese Frau	dieses Kind	diese Kinder
2格	dieses Mann(e)s	dieser Frau	dieses Kind(e)s	dieser Kinder
3格	diesem Mann	dieser Frau	diesem Kind	diesen Kindern
4格	diesen Mann	diese Frau	dieses Kind	diese Kinder

だいたい定冠詞と同じ語尾を使いますが、中性1格と4格の2か所は、-es となります。

Ich kenne diesen Mann. Aber ich kenne jene Frau nicht.
私はこの男性を知っている。しかし、私はあの女性を知らない。

Welches Auto kaufst du? — Ich kaufe dieses Auto.
どの自動車を君は買うの？　私はこの自動車を買います。

3 副詞的4格

時を表す名詞は、4格の形で副詞として使うことがあります。

Diese Woche arbeitet er nicht. 今週、彼は仕事をしない。
Emma joggt jeden Tag. エマは毎日ジョギングをする。

Übungen

A 次の冠詞＋名詞の意味と格変化を書きなさい。

性・数 （意味）	*m.* (　　　　　)	*f.* (　　　　　)	*n.* (　　　　　)	*pl.* (　　　　　)
1格	jen___ Tisch	welch___ Blume	jed___ Haus	all___ Leute
2格				
3格				
4格				

B 下線部にふさわしい格語尾を入れ、和訳しなさい。

1） Welch___ Tasche kaufen Sie?　— Ich kaufe dies___ Tasche.

_____

2） All___ Leute dies___ Stadt sind freundlich.

_____

3） Wir kennen solch___ Männer nicht.

_____

4） Lea und Hanna geben jed___ Kind Bonbons.

_____

C 日本語をドイツ語にしなさい。

1） この学校（Schule）のすべての生徒たち（Schüler）は熱心に（fleißig）勉強する（lernen）。

_____

2） どの帽子（Hut）を君はこの少女（Mädchen）に買ってあげる（kaufen）の？

_____

3） 少なくない数の人々がそんなうわさ（*pl.* Gerüchte）を信じている（glauben）。

_____

❶ 不定冠詞類

不定冠詞と同じ格変化をする冠詞で、所有冠詞（所有代名詞）と否定冠詞の２種類があります。

	1人称	2人称（親称）	3人称	2人称（敬称）
所有冠詞	mein- 私の〜	dein- 君の〜	sein- 彼の〜・それの〜 ihr- 彼女の〜	Ihr- あなたの〜・ あなた方の〜
	unser- 私たちの〜	euer- 君たちの〜	ihr- 彼らの〜・彼女らの〜・ それらの〜	
否定冠詞	kein- ひとつも〜ない・ゼロの〜			

❷ mein（私の〜）の格変化

単数形（男性・女性・中性）は不定冠詞と同じ格変化です。複数形のときは定冠詞類から格変化を借りてきます。

	m. 私の父	*f.* 私の母	*n.* 私の子ども	*pl.* 私の子どもたち
1格	mein△ Vater	meine Mutter	mein△ Kind	meine Kinder
2格	meines Vaters	meiner Mutter	meines Kind(e)s	meiner Kinder
3格	meinem Vater	meiner Mutter	meinem Kind	meinen Kindern
4格	meinen Vater	meine Mutter	mein△ Kind	meine Kinder

❸ 否定冠詞 kein- の使い方

不定冠詞付き名詞と無冠詞の名詞を否定する場合、kein- を使います。それ以外の場合は nicht を使います。

【不定冠詞付き名詞を否定】

Ich habe ein Auto.

私は自動車を持っている。

➡ Ich habe *kein* Auto.

私は自動車を持っていない。

【無冠詞の名詞を否定】

Er hat Zeit.

彼には時間がある。

➡ Er hat *keine* Zeit.

彼には時間がない。

【以下の場合は nicht で否定】

Ich kaufe das Auto.

私はその自動車を買う。

➡ Ich kaufe das Auto *nicht*.

私はその自動車を買わない。

Das ist mein Wörterbuch.

それは私の辞書だ。

➡ Das ist *nicht* mein Wörterbuch.

それは私の辞書ではない。

Übungen

A 次の冠詞＋名詞の意味と格変化を書きなさい。語尾が不要の場合は△を入れなさい。

性・数 (意味)	*m.* ( )	*f.* ( )	*n.* ( )	*pl.* ( )
1格	ihr＿ Regenschirm	unser＿ Katze	euer＿ Auto	Ihr＿ Eltern
2格				
3格				
4格				

B 下線部にふさわしい格語尾を入れ、和訳しなさい。語尾が不要の場合は△を入れなさい。　🎧 **026**

1） Mein＿ Bruder und sein＿ Schwester sind Studenten.

_____

2） Wir schenken unser＿ Großeltern Blumen.

_____

3） Kennen Sie ihr＿ Onkel?

_____

4） Ist das das Auto Ihr＿ Bruders?

_____

C 日本語をドイツ語にしなさい。　🎧 **027**

1） 君はのどが渇いている(Durst haben)かい？　―いいえ、私はのどが渇いていません。

_____

2） それはあなたの傘(Regenschirm)ではないのですか？

_____

3） 彼は自分のガールフレンド(Freundin)に自分の家族(Familie)の写真(ein Foto)を見せる(zeigen)。

_____

不規則動詞

　ここで扱う不規則動詞は、現在人称変化する際、主語が 2 人称（親称）単数 du と 3 人称単数 er/sie/es のとき、幹母音（語幹の母音）が変わる動詞のことです。

❶ a ⇒ ä 型不規則動詞

	fahren （乗り物で）行く	**schlafen** 眠る	**tragen** 運ぶ・身に着けている
ich	fahre	schlafe	trage
du	fährst	schläfst	trägst
er/sie/es	fährt	schläft	trägt
wir	fahren	schlafen	tragen
ihr	fahrt	schlaft	tragt
sie	fahren	schlafen	tragen
Sie	fahren	schlafen	tragen

　その他、fangen（捕まえる）、halten（保つ）、waschen（洗う）などがあります。

❷ e ⇒ i[e] 型不規則動詞

	helfen 手伝う	**sprechen** 話す	**sehen** 見る
ich	helfe	spreche	sehe
du	hilfst	sprichst	siehst
er/sie/es	hilft	spricht	sieht
wir	helfen	sprechen	sehen
ihr	helft	sprecht	seht
sie	helfen	sprechen	sehen
Sie	helfen	sprechen	sehen

　その他、essen（食べる）、geben（与える）、lesen（読む）、treffen（会う）などがあります。

❸ さらに特殊な変化をする不規則動詞

	nehmen 取る・利用する	**werden** ～になる	**wissen** 知っている
ich	nehme	werde	weiß
du	nimmst	wirst	weißt
er/sie/es	nimmt	wird	weiß
wir	nehmen	werden	wissen
ihr	nehmt	werdet	wisst
sie	nehmen	werden	wissen
Sie	nehmen	werden	wissen

　これらの動詞は特定の主語の時、つづりが変わります。wissen（知っている）は 1 人称単数の時も不規則変化します。

Ü bungen

A 和訳に合うように、（　　　）内にふさわしい動詞を入れなさい。 🎧 028

1） Mia（　　　　）dem Kind ein Stück Kuchen. Das Kind（　　　　）es gleich.

ミーアはその子にケーキを一切れ与えます。その子はそれをすぐに食べます。

2） Die Frau（　　　　）Platz und（　　　　）die Speisekarte.

その女性は席に着いて（座席を取って）、メニューを読みます。

3） Der Mann（　　　　）seiner Freundin. Sie（　　　　）sorgenfrei.

その男性は彼の友人を手伝います。彼女は安心します（不安のない状態になります）。

B （　　　）内の動詞を現在人称変化させ、和訳しなさい。 🎧 029

1） Ein Kind (schlafen ⇒　　　　　　　) gut. Seine Eltern (sehen ⇒　　　　　　) das Kind.

_____

2） Was (werden ⇒　　　　　　) du später? — Ich (werden ⇒　　　　　　) Kuchenbäcker.

_____

3） Welche Sprachen (sprechen ⇒　　　　　　　　) Tobias?

— Er (sprechen ⇒　　　　　　) Deutsch und Französisch.

_____

4） Der Bus (fahren ⇒　　　　　　) nach München. Susanne (nehmen ⇒　　　　　　)
den Bus.

_____

C 日本語をドイツ語にしなさい。 🎧 030

1） 君のお兄さん（Bruder）は眼鏡（eine Brille）をかけている（tragen）かい？

—いや、彼（＝私の兄）は眼鏡をかけていないよ。

_____

2） そのこと（das）を私は残念ながら（leider）全く知り（wissen）ません（全く〜ない：gar nicht）。

[「そのことを」を文頭にすること]

_____

3） 君はタクシー（ein Taxi）を利用する（nehmen）の、それとも（oder）地下鉄（die U-Bahn）を利用する
の？

_____

命令形

du、ihr、Sieそれぞれに対応した命令形があります。

❶ 基本の命令形

	duに対して 語幹+[e]	ihrに対して 語幹+t	Sieに対して 語幹+en Sie
kommen 来る	Komm[e]！ (君、)来なさい。	Kommt！ (君たち、)来なさい。	Kommen Sie！ 来てください。
arbeiten 働く	Arbeite！ (君、)働きなさい。	Arbeitet！ (君たち、)働きなさい。	Arbeiten Sie！ 働いてください。

語幹をもとにして、それぞれの命令形を作ります。arbeiten(働く)のような、語幹が-d、-tで終わる動詞は、命令形でも口調のeを付けます。

Komm hierher, Max！　　こちらへ来なさい、マックス。

Kinder, spielt nicht hier！　子どもたち、ここで遊ばないで。

Nehmen Sie bitte Platz！　どうぞお座りください。

❷ 要注意の命令形

	duに対して	ihrに対して 語幹+t	Sieに対して 語幹+en Sie
helfen 手伝う	Hilf！ (<du hilfst) (君、)手伝いなさい。	Helft！ (君たち、)手伝いなさい。	Helfen Sie！ 手伝ってください。
lesen 読む	Lies！ (君、)読みなさい。 (<du liest)	Lest！ (君たち、)読みなさい。	Lesen Sie！ 読んでください。

e→i[e]型不規則動詞だけは、duに対する命令形でも幹母音が変音します。付けても付けなくてもよい[e]は付けません。ihrとSieに対する命令形は、基本の命令形の時と同じです。

Hilf dem Kind, Renate！　　その子を手伝ってあげて、レナーテ。

Klaus, lies den Abschnitt！　クラウス、その段落を読みなさい。

❸ 例外：seinの命令形

	duに対して	ihrに対して	Sieに対して
sein ～である	Sei ruhig！ (君、)静かにしなさい。	Seid ruhig！ (君たち、)静かにしなさい。	Seien Sie ruhig！ 静かにしてください。

seinだけは特殊な命令形を使います。

Übungen

A 次の動詞の命令形を作りなさい。

	duに対して	ihrに対して	Sieに対して
1） gehen　行く			
2） schlafen　眠る			
3） warten　待つ			
4） essen　食べる			
5） nehmen　取る			

B 例にならって、次の文を命令文にしなさい。　　　　　　　　　🎧 032

　　例 Kommst du hierher?　➡　<u>Komm hierher !</u>

1） Bringen Sie mir eine Tasse Kaffee?

　➡ _____

2） Helft ihr den Kindern?

　➡ _____

3） Gibst du dem Mädchen Süßigkeiten?

　➡ _____

4） Redest du offen?

　➡ _____

C 日本語からドイツ語にしなさい。　　　　　　　　　　　🎧 033

1） ここで(hier)お待ち(warten)ください。[Sie に対する命令形で]

_____

2） その男性(der Mann)に道(der Weg)を教えて(zeigen)あげなさい。[ihr に対する命令形で]

_____

3） あそこにある塔(der Turm dort)をちょっと(mal)見て(sehen)よ。[du に対する命令形で]

_____

人称代名詞

1 人称代名詞の格変化

3格(〜に)と4格(〜を)の2つを使い分けます。

			1人称	2人称(親称)	3人称			2人称(敬称)
単数	1格	〜が	ich	du	er	sie	es	Sie
	3格	〜に	mir	dir	ihm	ihr	ihm	Ihnen
	4格	〜を	mich	dich	ihn	sie	es	Sie
複数	1格	〜が	wir	ihr	sie			Sie
	3格	〜に	uns	euch	ihnen			Ihnen
	4格	〜を	uns	euch	sie			Sie

sieやihrのように、意味の候補が複数出てくるものがあるので、気をつけましょう。

Gebt ihr <u>ihr</u> Blumen?   – Ja, wir geben <u>sie ihr</u>*.

君たちは彼女に花をあげるの?   うん、私たちはそれらを彼女にあげるよ。

* 1つの文に3格と4格の目的語が同時に出てくる場合については、巻末の「文法の補足」を参照。

2 3人称の人称代名詞

単数のer/sie/esは、人・ものに関係なく、それぞれすでに登場した男性名詞・女性名詞・中性名詞を受けます。複数のsieは、英語のtheyと使い方は同じです。

<u>Der Füller</u> gehört mir. **Er** ist teuer.   その万年筆は私のものだ。それは高価だ。

Sie kauft <u>die Tasche</u>. **Sie** ist preiswert.   彼女はそのバッグを買う。それはお買い得だ。

Er liest <u>das Buch</u>. **Es** ist interessant.   彼はその本を読んでいる。それは面白い。

Ich kenne <u>die Leute</u>. **Sie** sind nett.   私はその人たちを知っている。彼らは親切だ。

3 非人称のes

3人称単数のesは、すでに登場した中性名詞を受けずに特別な使い方をすることがあります。こうした特別なesを非人称のesと呼びます。気象現象や時刻などを表す際に使います。

【気象現象】 *Es* regnet heute.   今日は雨が降っている。

【気温】 *Es* ist heute kalt.   今日は(気温が)寒い。

【時刻】 Wie spät ist *es*?／ Wie viel Uhr ist *es*? – *Es* ist sieben Uhr.

(今、)何時ですか?   7時です。

【体調】 Wie geht *es* Ihnen? – Danke, *es* geht mir sehr gut.

お元気ですか?   ありがとう、私はとても元気です。

【熟語】 *Es* gibt da drüben einen Supermarkt.   向こう側にスーパーマーケットがある。

Übungen

🎧 DL 035

A 和訳に合うように、(　　)にふさわしい人称代名詞を入れなさい。

1） Gib （　　　　） das Salz da, bitte !　　そこにある塩を私にちょうだい。

2） Ich zeige （　　　　　） diese Fotos.　　私は君たちにこれらの写真を見せる。

3） Max und Lola fragen （　　　　）.　　マックスとローラは彼に質問する。

4） Hilft er （　　　　）?　　　　　　　　彼はあなたを手伝ってくれますか？

🎧 DL 036

B 下線部の名詞を人称代名詞に書き換え、和訳しなさい。

1） Heute Nachmittag lernen <u>Mia und ich</u> Englisch.

_____

2） <u>Der Wagen</u> gefällt mir.

_____

3） Sie findet <u>die Hose</u> gut.

_____

🎧 DL 037

C 日本語をドイツ語にしなさい。

1） ここに (hier) トイレ (eine Toilette) はありますか？

_____

2） マックス (Max) はローラ (Lola) を手伝う (helfen)。彼女は彼に感謝する (danken)。

_____

3） 添付で (anbei) 私はあなたがたにファイル (die Datei) をメールで送ります (mailen)。
　　［「添付で」を文頭に］

_____

前置詞は、後ろに名詞や代名詞を置いて使います。後ろに来る名詞や代名詞の格は前置詞が決めます。このことを、前置詞の格支配といいます。

1 2格支配の前置詞

statt *meines Vaters*	私の父の代わりに	trotz *des Regens*	雨にもかかわらず
während *des Winters*	冬の間	wegen *der Krankheit*	病気なので

2 3格支配の前置詞

aus *dem Haus*	家（の中）から	bei *meiner Tante*	私のおばのもとで
mit *dem Freund*	友人と一緒に	mit *dem Zug*	電車で
von *mir*	私から・私の・私によって	nach *der Schule*	放課後に
nach *Tokyo*	東京へ	seit *einem Monat*	1か月以来 （1か月前から）
zu *deinem Bruder*	君のお兄さんのところへ		

3 4格支配の前置詞

für *ihn*	彼のために・彼にとって	durch *die Stadt*	町を通って
gegen *den Wind*	風に逆らって	ohne *Milch und Zucker*	ミルクと砂糖なしで
um *das Haus*	家のまわりに		

Mit *dem Auto* fährt sie **durch** *die Stadt.*

車で彼女は町を通って行く。

Trotz *des Regens* spielt das Kind **mit** *seinen Freunden* Fußball.

雨にもかかわらず、その子は友人たちと一緒にサッカーをする。

Übungen

A ( )に適切な前置詞を入れなさい。

1) ( ) April arbeitet sie ( ) der Post.

4月以来彼女は郵便局（のもと）で働いている。

2) ( ) Gruß geht er ( ) dem Zimmer.

あいさつなしで彼は部屋（の中）から出ていく。

3) Heute gehe ich ( ) meiner Mutter ( ) meiner Schwester einkaufen.

今日、私は母の代わりに姉と一緒に買い物に行く。

B 下線部に適切な冠詞類の語尾を入れ、和訳しなさい。

1) Er geht nach d___ Unterricht zu sein___ Lehrer.

_____

2) Während d___ Sommers bleiben wir bei unser___ Tante in München.

_____

3) Ich fahre mit d___ U-Bahn zu d___ Uni.

_____

4) Nach d___ Essen sitzen sie noch um d___ Tisch herum.

_____

C 日本語をドイツ語にしなさい。

1) 家族(die Familie)のために彼は休み(Pause)なく働く(arbeiten)。

_____

2) アンナ(Anna)は明日(morgen)、友人(ihre Freundin)と一緒にベルリン(Berlin)へ旅行する(reisen)。

_____

3) ユルゲン(Jürgen)は今日の午後(heute Nachmittag)、自転車(das Fahrrad)でその市役所(das Rathaus)へ行く(fahren)。

_____

Lektion 12 前置詞②

 DL 042

① ３・４格支配の前置詞

空間での位置関係を表す前置詞は以下の９つのみで、３格と４格の２種類の格を支配します。前置詞＋名詞が動作の行われる場所を示すときは３格、動作の方向を示すときは４格となります。

über ～の上方 ⇔ unter ～の下	hinter ～の後ろ ⇔ vor ～の前
neben ～の横・隣 zwischen ～と～の間	
an ～のきわ（上面以外の接触）	auf ～の上（上面に密着） in ～の中

Die Katze schläft auf dem Sofa.　猫がソファーの上で眠っている。

３格 ← 前置詞＋名詞：猫が眠っている場所

Die Katze springt auf das Sofa.　猫がソファーの上へ飛び乗る。

４格 ← 前置詞＋名詞：猫が飛び乗る方向

② 前置詞と定冠詞の融合形

前置詞の後ろの定冠詞に「その～」の意味がなくなる場合、前置詞と定冠詞は融合して１語になります。熟語表現によく見られます。

am（<an dem） ans（<an das）	beim（<bei dem） im（<in dem）
ins（<in das） vom（<von dem） zum（<zu dem）	zur（<zu der） など。

Erika fährt heute mit der U-Bahn zur Uni.　エーリカは今日、地下鉄で大学へ行く。
Am Samstag lernt Erika zu Hause.　土曜日にエーリカは家で勉強する。
Im Sommer fährt Erika ans Meer.　夏にエーリカは海へ行く。

③ 前置詞を使った熟語

前置詞は、特定の動詞や形容詞と組んで熟語を作ることがよくあります。

・auf 人・物⁴格 warten：～を待つ　・mit 物³格 zufrieden sein：～に満足している　など。

Wir warten lange auf den Bus.
私たちは長いことそのバスを待っている。

Herr und Frau Müller sind mit ihrer Wohnung sehr zufrieden.
ミュラー夫妻は自分たちの住まいにとても満足している。

Übungen

A （　　　）内に適切な前置詞を入れなさい。

1） Die Uni steht （　　　　　） dem Krankenhaus.

その大学は病院の<u>後ろ</u>にある。

2） （　　　　　） den Tisch legt Mirjam ein Buch.

テーブルの<u>上へ</u>ミリヤムは一冊の本を置く。

3） （　　　　　） dem Essen lese ich die Zeitung.

食事の<u>前</u>に私は新聞を読む。

B （　　　）内に適切な定冠詞を入れ、和訳しなさい。

1） Nach （　　　　　） Vorlesung gehen wir in （　　　　　） Mensa.

_____

2） Meine Schwester hängt eine Uhr an （　　　　） Wand.

_____

3） Vor （　　　　　） Bahnhof fragt ein Tourist die Frau nach （　　　　　） Weg zum Museum.

_____

4） Am Nachmittag lernt Klaus mit （　　　） Freunden in （　　　） Bibliothek.

_____

C 日本語をドイツ語にしなさい。

1） ルーカス（Lukas）は今日（heute）、彼の友人（sein Freund）と一緒に映画を観に行く（ins Kino gehen）。

_____

2） 一台のヘリコプター（ein Hubschrauber）がその町（die Stadt）の上を旋回している（kreisen）。

_____

3） 郵便局（die Post）前の停留所（die Haltestelle）で（an）、彼女は路面電車（die Straßenbahn）を待っている（auf ～ 4格 warten）。

_____

形容詞は、名詞の前に置かれる際、格変化します。前に冠詞があるかないか、また、どのような冠詞と一緒に使うかによって、形容詞の格変化は以下の3種類に分かれます。

1 強変化（形容詞＋名詞）

	m. 熱いコーヒー	*f.* 温かいミルク	*n.* 冷たいビール	*pl.* 親切な人々
1格	heißer Kaffee	warme Milch	kaltes Bier	nette Leute
2格	heißen Kaffees	warmer Milch	kalten Bier(e)s	netter Leute
3格	heißem Kaffee	warmer Milch	kaltem Bier	netten Leuten
4格	heißen Kaffee	warme Milch	kaltes Bier	nette Leute

Was trinkst du gern, heißen Kaffee oder warme Milch?

君は何を飲むのが好きなの、熱いコーヒーかい、それとも、温かいミルクかい？

2 弱変化（定冠詞[類]＋形容詞＋名詞）

	m. その親切な男性	*f.* その親切な女性	*n.* その親切な子ども	*pl.* その親切な人々
1格	der nette Mann	die nette Frau	das nette Kind	die netten Leute
2格	des netten Mann(e)s	der netten Frau	des netten Kind(e)s	der netten Leute
3格	dem netten Mann	der netten Frau	dem netten Kind	den netten Leuten
4格	den netten Mann	die nette Frau	das nette Kind	die netten Leute

Das nette Kind zeigt mir den Weg zum Bahnhof.

その親切な子が私に駅への道を教えてくれる。

3 混合変化（不定冠詞[類]＋形容詞＋名詞）

	m. 1人の親切な男性	*f.* 1人の親切な女性	*n.* 1人の親切な子ども	*pl.* 君の親切な両親
1格	ein netter Mann	eine nette Frau	ein nettes Kind	deine netten Eltern
2格	eines netten Mann(e)s	einer netten Frau	eines netten Kind(e)s	deiner netten Eltern
3格	einem netten Mann	einer netten Frau	einem netten Kind	deinen netten Eltern
4格	einen netten Mann	eine nette Frau	ein nettes Kind	deine netten Eltern

Ich danke deinen netten Eltern.

私は君の親切なご両親に感謝している。

Übungen

A 下線部にふさわしい格語尾を入れなさい。

1） Kalt___ Bier und gut___ Wein gefallen mir gut.

2） Heinz ist für lang___ Zeit krank.

3） „Tschüs, Max！" — „Tschüs, David！ Schön___ Ferien！"

B 下線部にふさわしい格語尾を入れなさい。

1） Das weiß___ T-Shirt ist zu teuer. Haben Sie ein ander___ T-Shirt?

2） Die fleißig___ Studentin hat groß___ Interesse an einer fremd___ Sprache.

3） Viel___ Menschen sind über den Skandal des berühmt___ Politikers empört.

4） Der groß___ Mann nimmt für mich das alt___ Buch aus dem Regal.

C 日本語をドイツ語にしなさい。

1） その新しい携帯電話 (das neu__ Handy) は誰のものです (gehören) か？

_____

2） この大都市ベルリン (diese groß__ Stadt Berlin) を彼女はとても (gut) 気に入っている (gefallen)。

_____

3） トーマスは自分の親友 (sein gut__ Freund) と一緒に高い教会の塔 (ein hoher* Kirchturm) に登る (auf ～⁴格 steigen)。

_____

*形容詞の hoch (高い) は、格語尾が付くと発音の都合上つづりが若干変わります。

Der Berg ist hoch.　　　その山は高い。

Der hohe Berg heißt Fuji.　その高い山の名は富士山だ。

zu 不定詞

不定詞(動詞の原形)の前にzuを付けたものをzu不定詞といいます。zu不定詞に他の語が加わったものはzu不定詞句といいます。用法は以下の3つです。

❶ 名詞的用法　「～することは・～することを」

zu不定詞(句)を文中の主語や目的語として使う用法です。

<u>Gemüse zu essen</u> ist gesund.　野菜を食べることは健康によい。

注　zu不定詞(句)はesと同格で使うこともできます。

<u>Es</u> ist gesund, <u>Gemüse zu essen</u>.

⬆ このesは文後半のzu不定詞句を指す。

Er versucht, <u>das schwierige Buch zu lesen</u>.　彼はその難解な本を読もうとする。

❷ 形容詞的用法　「～する…」

zu不定詞(句)を直前の名詞に修飾させる用法です。

Ich habe jetzt keine Zeit, **zur Bank zu gehen**.

私には今、銀行に行く時間がない。

Hast du Lust, **mit mir ins Café zu gehen?**

私と一緒にカフェへ行く気はある？

❸ 副詞的用法

zu不定詞(句)を副詞として使う用法で、接続詞と組み合わせることがほとんどです。

・um ... zu不定詞　「～するために」（目的）

Mao lernt Deutsch, **um nach Deutschland zu reisen**.

マオはドイツへ旅行に行くためにドイツ語を勉強する。

・ohne ... zu不定詞　「～することなしに」

Susumu reist nach Deutschland, **ohne Deutsch zu lernen**.

ススムはドイツ語を勉強せずにドイツへ旅行に行く。

・(an)statt ... zu不定詞　「～する代わりに」

Fabian schläft zu Hause, **statt zur Uni zu gehen**.

ファビアンは大学へ行く代わりに家で寝ている。

Übungen

A zu不定詞句になるよう、次の [   ] 内の語を正しい語順に並べ替えなさい。

1） Meine Gewohnheit ist, [zu / im Park / jeden Morgen / joggen].

_____

2） „Vielen Dank！" — „ [danken / nichts / zu] !"

_____

3） [ins Ausland / machen / eine Reise / um / zu], spare ich Geld.

_____

B 和訳に合うように**b**の文を**zu**不定詞句に直して、**a**の文の後ろにつなげなさい。

1） 芸術家になることが、彼の夢だ。

　　a Es ist sein Traum, ...　　　　　　**b** Er wird Künstler.

_____

2） この女優は、難しい役を演じる術をよく心得ている。

　　a Diese Schauspielerin weiß gut, ...　　**b** Sie spielt eine schwierige Rolle.

_____

3） 私たちにはこの問題を解決する方法がない。

　　a Wir haben keine Methode, ...　　　**b** Wir lösen diese Frage.

_____

4） その客はノックもせずに部屋に入る。

　　a Der Gast tritt ins Zimmer, ohne ... .　　**b** Er klopft an der Tür.

_____

C 日本語をドイツ語にしなさい。

1） この言語(diese Sprache)を習得する(erlernen)ことは、それほど簡単(leicht)ではありません。

　　(それほど～でない：nicht so ... sein)

_____

2） 今週(diese Woche)私たちは祖父母(unsere Großeltern)を訪れる(besuchen)時間がある(Zeit haben)。

　　[「今週」を文頭にすること]

_____

3） 彼は、自分の家族(seine Familie)のための時間(Zeit)をより多く(mehr)確保する(haben)ために週4日

　　だけ(nur viermal pro Woche)働く(arbeiten)。

_____

Lektion 15 接続詞

1 主文と副文

主文は、それ自体で意味が完結して、独立した文のことです。副文は、それ自体で意味が完結せず、主文に従属している文のことです。定動詞の位置に注目しましょう。

【主文】　Karl ist krank.　　カールは病気だ。

【副文】　weil Karl krank ist　　カールは病気なので

副文の種類はいろいろありますが、従属接続詞に導かれる文が副文に属します。

2 従属接続詞

以下の接続詞は、副文を導くのに使われます。

als ～したとき	dass ～ということ	ob ～かどうか	obwohl ～にもかかわらず
weil ～なので	wenn ～するとき・もし～なら	など	

【副文が後続するとき】

Er liegt heute im Bett, weil er krank ist.　　彼は病気なので今日ベッドで寝ている。
S　V　　　　　　　　　(S)　　(V)

【副文が先行するとき】

後に続く主文の語順が V + S ... になります。

Weil er krank ist, *liegt* er heute im Bett.　　彼は病気なので今日ベッドで寝ている。
(S)　　(V)　V　S

注　間接疑問文も副文になります。

Ich weiß nicht, wohin er heute geht.　　彼が今日どこへ行くか、私は知らない。

3 並列接続詞

語と語、句と句、文と文を対等に結ぶ接続詞です。後の語順に影響を与えません。

aber しかし	denn ～なので	oder あるいは	und そして・～と～
nicht ... , sondern ～ …ではなくて～			

Klaus ist nett, aber sein Bruder ist unsympatisch.　　クラウスは親切だが、彼の兄は感じが良くない。
S　V　　　　　S　　V

Julia geht zuerst zur Post und dann zum Supermarkt.　　ユーリアはまず郵便局に行き、それからスーパーマーケットに行く。
前置詞句①　　　　　前置詞句②

A 和訳に合うように、（　　）にふさわしい接続詞を入れなさい。　🎧 055

1） Nicht ich, (　　　　　) mein Bruder kommt heute.

私ではなく私の弟が今日来ます。

2） Wissen Sie, (　　　　　) der Zug eine Verspätung hat?

電車が遅延しているかどうか、あなたはご存じですか？

3） Die Leute besuchen den großen Park, (　　　　　) viele Rosen blühen dort.

人々がその大きな公園を訪れる。というのは、そこでは多くのバラが咲いているからだ。

B （　　）内の従属接続詞を使って、2つの文を1つにしなさい。　🎧 056

1） Ich weiß.　+　（dass) Der Bus fährt heute nicht.

_____

2） Meine Mutter fährt in die Stadt.　+　（obwohl) Das Wetter ist heute schlecht.

_____

3）（wenn) Ich habe Zeit.　+　Ich gehe ins Museum.

_____

4）（weil) Fabian ist bis spät in der Nacht wach.　+　Er schläft bis zum Nachmittag.

_____

C 日本語をドイツ語にしなさい。　🎧 057

1） 君は、彼女がどこに(wo)住んでいる(wohnen)か知っている(wissen)？

_____

2） 彼は料理をする(kochen)のが好きではない(nicht gern)ので(weil)、しばしば(oft)外食に行きます（レストランに行く：ins Restaurant gehen)。

_____

3） ミヒャエル(Michael)は昼食を食べ(zu Mittag essen)、そして(und)それから(dann)彼は散歩をする(einen Spaziergang machen)。

_____

Lektion ⑯ 話法の助動詞

058

❶ 現在人称変化

不定詞 意味	dürfen ～してよい	können ～できる	mögen ～かもしれない	müssen ～ねばならない	sollen ～すべきだ	wollen ～するつもりだ・望む	möchte ～したい
ich	darf	kann	mag	muss	soll	will	möchte
du	darfst	kannst	magst	musst	sollst	willst	möchtest
er/sie/es	darf	kann	mag	muss	soll	will	möchte
wir	dürfen	können	mögen	müssen	sollen	wollen	möchten
ihr	dürft	könnt	mögt	müsst	sollt	wollt	möchtet
sie/Sie	dürfen	können	mögen	müssen	sollen	wollen	möchten

これらの助動詞を使うときは、助動詞と本動詞(原形)を離ればなれに配置します。

Max <u>kann</u> gut <u>schwimmen</u>.　マックスは上手に泳げる。
　　　助動詞　　　　　本動詞

❷ 例文

【dürfen】　<u>Darf</u> ich ein Foto <u>machen</u>?　　　写真を撮っていいですか？

　　　　　Du <u>darfst</u> hier nicht <u>fotografieren</u>.　君はここで写真を撮ってはいけない。

【können】　Renate <u>kann</u> sehr gut <u>singen</u>.　　レナーテはとても上手に歌える。

【mögen】　Lola <u>mag</u> zwanzig Jahre alt <u>sein</u>.　ローラは20歳かもしれない。

【müssen】　Ich <u>muss</u> heute zum Arzt <u>gehen</u>.　私は今日医者へ行かねばならない。

　　　　　Sie <u>müssen</u> das nicht <u>machen</u>.　　あなたはそれをする必要はない。

【sollen】　Du <u>sollst</u> sofort deine Hausaufgaben <u>machen</u>.　君はすぐ宿題をすべきだ。

　　　　　<u>Soll</u> ich das Fenster <u>öffnen</u>?　　　窓を開けましょうか？

【wollen】　Ich <u>will</u> Arzt <u>werden</u>.　　　　　私は医者になるつもりだ。

　　　　　<u>Wollen</u> wir ins Café <u>gehen</u>?　　　カフェへ行きませんか？(カフェへ行きましょう。)

【möchte】　Ich <u>möchte</u> Kaffee <u>trinken</u>.　　　私はコーヒーを飲みたい。

注　助動詞を単独で使う場合もあります。

　　Michael **kann** Französisch.　　ミヒャエルはフランス語ができる。

　　Anna **mag** Gemüse.　　アンナは野菜が好きだ。

　　Ich **möchte** Kaffee.　　私はコーヒーがほしい。

❸ 未来形

未来の助動詞werdenと不定詞の組み合わせで、未来形を作ります。時間的未来よりも、むしろ推量(おそらく～だろう)の意味でよく使います。

Maria <u>wird</u> heute wohl <u>fehlen</u>.　マリアは今日おそらく欠席するだろう。

Übungen

A 和訳に合うように、（　　）に助動詞を入れなさい。　🎧 059

1） Dieses Kind （　　　　　） schon seiner Mutter helfen.

この子はもう自分の母親の手伝いができる。

2） （　　　　　） man* hier parken?

ここで駐車してもいいですか？

*man：不特定の人を意味する不定代名詞。訳出しないでよい。３人称単数扱い。

3） Benutzen Sie dieses Zimmer, wie Sie （　　　　　）!

あなたの望み通りにこの部屋を使ってください。

B 次の文に（　　）内の助動詞を加えて、全文を書き換えなさい。　🎧 060

1） Stefan arbeitet heute nicht.　（müssen）

_____

2） Hier sprecht ihr leise.　（müssen）

_____

3） Jener schöne Mann ist Schauspieler.　（mögen）

_____

4） Wohin fährst du morgen?　（möchte）

_____

C 日本語をドイツ語にしなさい。　🎧 061

1） エアコン（die Klimaanlage）をつけ（anmachen）ましょうか？

_____

2） 私たちは、今日の夕方（heute Abend）レストランへ（ins Restaurant）行き（gehen）たいです。

_____

3） ここは（hier）まだ（noch）空いて（frei）います（sein）か？

ここに（hier）座って（Platz nehmen）もいいですか？　[主語を「私は」にして作文すること]

_____

1 前つづり付き動詞

kommen（来る）やstehen（立っている）のような単純な動詞（基礎動詞）に前つづりが付いてできた新しい動詞のことです。前つづりの性質に応じて、分離動詞と非分離動詞に分かれます。

【分離する前つづり＋基礎動詞】 an（くっついて）＋kommen（来る） ➡ an|kommen 到着する

【分離しない前つづり＋基礎動詞】 be（そばに）＋kommen（来る） ➡ bekommen もらう

2 分離動詞

「分離する前つづり＋基礎動詞」を分離動詞と言います。アクセントは前つづりにあります。

auf（上に）＋stehen（立っている）

➡ auf|stehen（立ち上がる：英stand up、起床する：英get up）

zurück（戻って）＋kommen（来る）

➡ zurück|kommen（帰って来る：英come back）

時制が現在形で主文の定動詞として使われる場合、前つづりが文末に来ます。

Ich <u>stehe</u> jeden Morgen um 6 Uhr <u>auf</u>. 私は毎朝6時に起きます。

Wann <u>steht</u> sie <u>auf</u>? 彼女は何時に起きますか？

<u>Stehen</u> Sie morgen früh <u>auf</u>! 明日は早起きしてください。

助動詞と一緒に使われるときと、副文の定動詞として使われるときは、前つづりが分離しません。

Ich muss morgen früh <u>aufstehen</u>. 私は明日早起きしないといけない。

Wissen Sie, wann sie <u>aufsteht</u>? 彼女が何時に起きるか、あなたは知っていますか？

zu不定詞形は、 前つづり zu 基礎動詞 の形にして1語で表します。

➡ auf<u>zu</u>stehen 起きること

3 非分離動詞

「分離しない前つづり＋基礎動詞」を非分離動詞と言います。アクセントは基礎動詞にあります。分離しない前つづりは、be-、emp-、ent-、er-、ge-、ver-、zer-の7つです。

ver（前に）＋stehen（立っている） ➡ verstehen（理解する）

※「目の前にいる相手の立場になって立っている→（相手を）理解する」と解釈してみましょう。

be（そばに）＋kommen（来る） ➡ bekommen（もらう）

※「自分が対象物のそばにやってくる→対象物を手に入れる」と解釈してみましょう。

前つづりは常に分離しないため、単純な動詞と同じように扱って問題ありません。

Lola <u>versteht</u> gut, was sie sagen. ローラは彼らが何を言っているかよく理解する。

Fabian versucht, Taschengeld zu <u>bekommen</u>. ファビアンは小遣いをもらおうとする。

Übungen

A 次の分離動詞と非分離動詞を現在人称変化させなさい。

*印のついた動詞は基礎動詞部分の変化に注意すること。

不定詞 (意味)	fern|sehen* ( )	ab|fahren* ( )	um|steigen ( )	empfehlen* ( )
ich	sehe ... fern			
du				
er/sie/es				
wir				
ihr				
sie/Sie				

B 指示された分離動詞を正しい形にして( )に入れなさい。　🎧 DL 063

1） Wolfgang（　　　　　　）heute Abend drei Stunden（　　　　　　）. ［fern\|sehen］

_____

2）（　　　　　　）der Zug nach Berlin um 17 Uhr（　　　　　）? ［ab\|fahren］

_____

3） Wir wissen nicht, wann und wo wir（　　　　　　）müssen. ［um\|steigen］

_____

4） Meine Mutter fährt ins Stadtzentrum, um im Kaufhaus（　　　　 zu　　　　）.
［ein\|kaufen］

_____

C 日本語をドイツ語にしなさい。　🎧 DL 064

1） トーマス（Thomas）は私に美味しいレストラン（ein gutes Restaurant）を薦める（empfehlen）。

_____

2） 何時に（um wie viel Uhr）その列車（der Zug）は駅に（am Bahnhof）到着します（an\|kommen）か？

_____

3） 彼は今日ようやく（erst heute）両親（seine Eltern）に電話をかける（an\|rufen）。

_____

Lektion 18 再帰動詞

1 再帰代名詞

主語と同一の人・物を意味し、主語の動作が主語自身に再び帰って来ることを表すために使う代名詞を再帰代名詞と言います。1人称・2人称は人称代名詞をそのまま再利用し、3人称だけは、誤解を避けるため新しい形を用います。

		1人称	親称2人称	3人称			敬称2人称
単数	1格	ich	du	er	sie	es	Sie
	3格	mir	dir	sich	sich	sich	sich
	4格	mich	dich	sich	sich	sich	sich
複数	1格	wir	ihr	sie			Sie
	3格	uns	euch	sich			sich
	4格	uns	euch	sich			sich

rasieren という動詞は人⁴格のひげを剃るという意味です。4格目的語が人称代名詞だと、Thomas rasiert ihn.（トーマスは彼のひげを剃る）で主語 Thomas ≠ 4格目的語 ihn となり、この ihn はトーマスではない別人の男性を意味します。4格目的語を再帰代名詞にすると、Thomas rasiert sich.（トーマスは自分のひげを剃る）で主語 Thomas = 再帰代名詞 sich となり、主語と sich は同じ人を指します。

2 再帰動詞

再帰代名詞と一緒に使われてはじめて1つのまとまった意味を成す動詞のことです。

【sich⁴ setzen：座る】　　　　Ich **setze mich** auf den Stuhl. 　　　私は椅子に座る。

【sich⁴ vor|stellen：自己紹介する】Anna **stellt sich vor**. 　　　アンナは自己紹介する。

【sich³ die Hände waschen：手を洗う】Vor dem Essen **waschen** wir **uns** die Hände. 食事の前に私たちは手を洗う。

3 再帰動詞を使った熟語

再帰動詞はさらに前置詞と結びついて熟語を作ることがあります。

【sich⁴ für ～⁴格 interessieren：～⁴格に興味がある】

　Ich **interessiere mich für** deutsche Kultur. 　私はドイツの文化に興味がある。

【sich⁴ auf ～⁴格 freuen：～⁴格を楽しみにしている】

　Die Studenten **freuen sich auf** die Ferien. 　学生たちは休暇を楽しみにしている。

【sich⁴ über ～⁴格 freuen：～⁴格をうれしく思う】

　Meine Mutter **freut sich über** den Brief. 　私の母はその手紙をうれしく思っている。

【sich⁴ an ～⁴格 erinnern：～⁴格を思い出す・覚えている】

　Erinnert ihr **euch an** den letzten Sommer? 　君たちは去年の夏のことを覚えている？

Übungen

A 次の再帰動詞の現在人称変化を書きなさい。

不定詞 (意味)	sich⁴ duschen ( )	sich⁴ beeilen ( )	sich⁴ an|ziehen ( )
ich	dusche mich		
du			
er/sie/es			
wir			
ihr			
sie/Sie			ziehen sich ... an

B 次の( )にふさわしい再帰代名詞を入れなさい。

1） Sie denken nur an ( ).

彼らは自分たちのことしか考えない。

2） Willst du alle Blicke auf ( ) ziehen?

君はすべての人々の注目を集めるつもりなのかい？

3） Sophie ist gern für ( ).

ゾフィーは一人でいるのが好きだ。

4） Wir müssen ( ) gegenseitig helfen.

我々は互いに助け合わねばならない。

C 日本語をドイツ語にしなさい。

1） 彼の娘(seine Tochter)はクリスマス(Weihnachten)をとても(sehr)楽しみにしている。

(sich⁴ auf ～ ⁴格 freuen)

_____

2） 君はサッカー(Fußball)に興味がある(sich⁴ für ～ ⁴格 interessieren)のかい？

_____

3） 電話番号(Telefonnummern)をすぐに(gleich)覚える(sich³ ～ ⁴格 merken)ことが彼の特技(seine Spezialität)だ。

_____

動詞の３基本形

不定詞・過去基本形・過去分詞のことです。規則動詞か不規則動詞かによって、作り方が違います。動詞によっては、過去分詞の作り方に注意が必要な場合があります。

1 規則動詞

不定詞　－ en		過去基本形　－ te	過去分詞　ge - t
wohnen	住んでいる	wohnte	gewohnt
spielen	遊ぶ、(競技を)する、(楽器を)演奏する	spielte	gespielt
arbeiten	働く、勉強する	arbeitete	gearbeitet

語幹に特定の接尾辞や接頭辞を付けます。arbeiten のように、過去基本形と過去分詞の際にも口調のeが必要な動詞があります。

2 不規則動詞

	不定詞		過去基本形	過去分詞
最重要動詞	sein	～である	war	gewesen
	haben	持っている	hatte	gehabt
	werden	～になる	wurde	geworden
強変化	gehen	行く	ging	gegangen
	kommen	来る	kam	gekommen
	nehmen	取る	nahm	genommen
混合変化	bringen	持ってくる	brachte	gebracht
	kennen	知っている	kannte	gekannt

独和辞典や教科書の巻末に「不規則動詞一覧表」が載っているので、こまめに確認しましょう。

3 気をつけるべき動詞の３基本形

	不定詞		過去基本形	過去分詞
分離動詞	ein|kaufen	買い物する	kaufte ... ein	eingekauft
	zurück|kommen	帰って来る	kam ... zurück	zurückgekommen
非分離動詞	verkaufen	売る	verkaufte	verkauft
	bekommen	もらう	bekam	bekommen
- ieren 型動詞	studieren	大学で学ぶ	studierte	studiert
	telefonieren	電話する	telefonierte	telefoniert

分離動詞の過去基本形は２語に分けて書き、過去分詞は前つづり＋基礎動詞の過去分詞。非分離動詞と -ieren 型動詞の過去分詞は、ge- が付きません。

Übungen

A 次の規則動詞の意味と3基本形を書きなさい。

	不定詞（主な意味）	過去基本形	過去分詞
①	lernen　（　　　　　　　　）		
②	（　　　　　　　　）	suchte	
③	（　　　　　　　　）		geöffnet
④	warten　（　　　　　　　　）		

B 次の不規則動詞の意味と3基本形を書きなさい。⑬以降は過去分詞を2つとも書くこと。

	不定詞（主な意味）	過去基本形	過去分詞
①	bleiben　（　　　　　　　）		
②	denken　（　　　　　　　）		
③	essen　（　　　　　　　）		
④	fahren　（　　　　　　　）		
⑤	geben　（　　　　　　　）		
⑥	helfen　（　　　　　　　）		
⑦	lesen　（　　　　　　　）		
⑧	schlafen　（　　　　　　　）		
⑨	schreiben（　　　　　　　）		
⑩	sehen　（　　　　　　　）		
⑪	tragen　（　　　　　　　）		
⑫	wissen　（　　　　　　　）		
⑬	dürfen　（　　　　　　　）		／
⑭	können　（　　　　　　　）		／
⑮	mögen　（　　　　　　　）		／
⑯	müssen　（　　　　　　　）		／
⑰	sollen　（　　　　　　　）		／
⑱	wollen　（　　　　　　　）		／

C 次の動詞の意味と3基本形を書きなさい。

	不定詞（主な意味）	過去基本形	過去分詞
①	fern｜sehen　（　　　　　　）		
②	an｜machen　（　　　　　　）		
③	gehören　（　　　　　　）		
④	verstehen　（　　　　　　）		
⑤	interessieren（　　　　　　）		

動詞の過去人称変化

1 ドイツ語の過去表現

基本的に以下の使い分けがあります。

	どのような過去表現か	どこで使うか	現在の時点との関連付け
過去形	書き言葉での過去表現	小説・記事など	なし
現在完了形	話し言葉での過去表現	日常会話	あり

　ただし、実際には、過去のことを述べる際、過去形を使う方が便利な動詞は過去形を、現在完了形を使う方が効率がよい動詞は現在完了形を使います。

2 過去人称変化

　3基本形のうちの過去基本形をもとに作ります。sein、haben、話法の助動詞は、日常会話でも過去形を使うことが多いです。

不定詞 (主な意味)	人称語尾	wohnen (住んでいる)	sein (〜である)	haben (持っている)	können (〜できる)
過去基本形		wohnte	war	hatte	konnte
ich	–	wohnte	war	hatte	konnte
du	– st	wohntest	warst	hattest	konntest
er/sie/es	–	wohnte	war	hatte	konnte
wir	–(e)n	wohnten	waren	hatten	konnten
ihr	– t	wohntet	wart	hattet	konntet
sie/Sie	–(e)n	wohnten	waren	hatten	konnten

　主語が1人称単数と3人称単数のときは、過去基本形をそのまま使います。この2つの主語以外は、過去基本形に語尾を付けます。

Wo **warst** du gestern? – Ich **war** in der Bibliothek.
君は昨日どこにいたの？　　　　　私は昨日図書館にいたよ。

3 前つづり付き動詞の過去人称変化

分離動詞の場合は2語に分けて書き、非分離動詞の場合は前つづりが分離せず1語で書きます。

	auf|stehen　起床する	verstehen　理解する
ich	stand ... auf	verstand
du	stand(e)st ... auf	verstand(e)st
er/sie/es	stand ... auf	verstand
wir	standen ... auf	verstanden
ihr	standet ... auf	verstandet
sie/Sie	standen ... auf	verstanden

Die Kinder **standen** heute früh **auf**.　子どもたちは今日早起きした。

Das **verstanden** sie gut.　　　　　　　それを彼らはよく理解していた。

Ü bungen

A　次の動詞や助動詞の過去人称変化を書きなさい。(＊印は不規則)

不定詞 (意味)	①lernen ( )	②werden* ( )	③müssen* ( )
[過去基本形]	[ ]	[ ]	[ ]
ich			
du			
er/sie/es			
wir			
ihr			
sie/Sie			

B　下線部の動詞を現在形から過去形に書き換えなさい。

1） Wir <u>wissen</u> gar nicht, dass sie verheiratet <u>sind</u>.

_____

2） <u>Haben</u> Sie Zeit? — Nein, ich <u>habe</u> viel zu tun.

_____

3） Florian <u>muss</u> heute zum Arzt gehen.

_____

4） <u>Werdet</u> ihr von der Arbeit müde? — Nein, das <u>werden</u> wir nicht.

_____

C　日本語をドイツ語にしなさい。過去形で作文すること。

1） 君は当時(damals)上手に(gut)泳ぐ(schwimmen)ことができたの(können)？

_____

2） 私たちの祖母(unsere Großmutter)は私たちに昔(früher)よく(oft)おとぎ話(*pl.* Märchen)を話して
くれた(erzählen)。

_____

3） 私は朝(morgens) 8 時に(um 8 Uhr)ベルリン(Berlin)に到着した(an|kommen)。

_____

45

現在完了形

1 現在完了形の作り方と用法

完了の助動詞haben または sein（現在形）... 過去分詞の組み合わせで表します。主な用法は、①完了（～してしまった）、②経験（～したことがある）、③過去形の代わり（～した）の3つです。

| 【完了】 | Ich <u>habe</u> schon das Buch <u>gelesen</u>. | 私はもうその本を読んでしまった。 |

【完了】　　　　　Ich <u>habe</u> schon das Buch <u>gelesen</u>.　　私はもうその本を読んでしまった。

【経験】　　　　　Ich <u>habe</u> einmal das Buch <u>gelesen</u>.　　私は一度その本を読んだことがある。

【過去形の代わり】Ich <u>habe</u> gestern das Buch <u>gelesen</u>.　　私は昨日その本を読んだ。

ドイツ語では、現在完了形で表す方が楽な場合は過去形の代わりに現在完了形を使います。したがって、現在完了形の文に過去の副詞を入れても誤用にはなりません。

2 完了の助動詞 haben と sein の使い分け

過去分詞として使う動詞によって、完了の助動詞を使い分けます。

1）haben ... 過去分詞の場合：ほぼすべての他動詞と、大部分の自動詞。

Max **hat** das Auto **gekauft**.　　　　マックスはその自動車を買った。

Hat Steffi in Berlin **gewohnt**?　　　シュテフィはベルリンに住んでいたの？

2）sein ... 過去分詞の場合：以下の自動詞の場合

ａ）場所の移動を表す自動詞：fahren（乗り物で行く）、gehen（行く）、kommen（来る）など。

ｂ）状態の変化を表す自動詞：werden（～になる）、wachsen（育つ）、sterben（死ぬ）など。

ｃ）その他：sein、bleiben など。

Wohin **sind** Sie gestern **gefahren**?　　あなたは昨日どこへ行きましたか？

Mein Bruder **ist** Lehrer **geworden**.　　私の兄は教師になった。

Wir **sind** letzten Sommer in der Schweiz **gewesen**.　　私たちは昨夏スイスにいた。

3 独和辞典での haben 支配と sein 支配の見分け方

haben を完了の助動詞に選ぶ動詞は haben 支配の動詞、sein を完了の助動詞に選ぶ動詞は sein 支配の動詞と呼びます。独和辞典では、haben 支配は [h]、sein 支配は [s] で表示しています。

↓ haben 支配か sein 支配の表示

trinken[…]　　他 [h]　飲む

werden[…]　　自 [s]　～になる

Übungen

A 和訳に合うように、(　　)にふさわしい過去分詞を入れなさい。

➡ 過去分詞として使ってほしい動詞の原形 【an|kommen / besuchen / machen】

1） Habt ihr schon eure Hausaufgaben (　　　　　)?

君たちはもう宿題を済ませたの？

2） Ich weiß, dass sie heute um 5 Uhr hier (　　　　　) sind.

彼らが今日5時にここに着いたことを私は知っている。

3） Heinz hat letzte Woche seinen Großvater in München (　　　　　).

ハインツは先週ミュンヘンにいる祖父を訪れた。

B 次の現在形の文を現在完了形に書き直しなさい。

1） In München gehe ich oft ins Bierhaus.

_____

2） Heute spielt er mit seinen Freunden Fußball.

_____

3） Warum lernen Sie Deutsch?

_____

4） Um wie viel Uhr stehst du auf?

_____

C 日本語をドイツ語にしなさい。時制は現在完了形にすること。

1） 君は昨日(gestern)たくさん(viel)仕事をし(arbeiten)たのかい？

_____

2） 休暇中(in den Ferien)私はずっと(dauernd)家に(zu Hause)とどまって(bleiben)いた。
[「休暇中」を文頭にすること]

_____

3） 昨日は(gestern)雨が降って(regnen)いたので(weil)、私たちは外出し(aus|gehen)なかった(〜ない：nicht)。[「昨日は〜ので」を文頭にすること]

_____

形容詞・副詞の比較変化

① 比較級・最上級の作り方

「より~」を表すには比較級に、「最も~」を表すには最上級にします。形容詞だけでなく、一部の副詞も比較変化します。alt のように 1 音節でウムラオトできる母音が入っている形容詞は、ウムラオトすることが多いです。

		原級 －	比較級 －er	最上級 －(e)st
形容詞	規則変化	klein 小さい	kleiner	kleinst
		alt　　古い・年上の	älter	ältest
	不規則変化	groß 大きい	größer	größt
		hoch 高い	höher	höchst
		gut　　よい	besser	best
		viel　　多い	mehr	meist
副詞		gern 好んで(~する)	lieber	am liebsten

② 原級と比較級の用法

1) 同等比較「~と同じくらい…」：so 原級 wie ~

Fabian ist <u>so alt wie</u> mein Bruder.　　　　ファビアンは私の兄と同い年だ。

Fabian ist **nicht** <u>so groß wie</u> mein Bruder.　　ファビアンは私の兄ほど背が高くない。

　　　↑ nicht が入ると「~ほど…でない」となります。(英語の not as ~ as ... と同じ)

2) 2つのものの比較「~よりも…」：比較級 als ~

Fabian ist <u>älter als</u> ich.　　　　　　ファビアンは私よりも年上だ。

Haben Sie noch ein <u>größer*es* Zimmer als</u> das?　それより広い部屋はありますか？

　　　　　↑ 比較級の形容詞は名詞の前に置いて使えます。この場合、後ろに格語尾が付きます。

③ 最上級の用法：3つ以上のものの比較

1) 定冠詞 der/die/das ＋ 最上級*e*(＋名詞)　「最も~な(…)」

Fabian ist <u>der ältest*e* (Mann)</u> von uns.　ファビアンは私たちの中で最も年上だ。

　　　　↑ (　)内の名詞は省略可。

2) am ＋ 最上級*en*　「最も~だ・最も~に」

Fabian ist <u>am ältest*en*</u> von uns.　　　ファビアンは私たちの中で最も年上だ。

　　　　　↑ 後ろに、「(最も~な)状態」を意味する名詞 Zustand が隠れていると見なす。

Fabian läuft <u>am schnellst*en*</u> von uns.　　ファビアンは私たちの中で最も速く走る。

注　副詞の最上級は、am ＋ 最上級*en* だけで表します。

Mia spielt <u>am liebst*en*</u> Klavier.　　　ミーアはピアノを弾くのが一番好きだ。

　　　↑ 副詞 gern の最上級

48

Übungen

A 次の形容詞の比較級と最上級を書きなさい。(*印は不規則変化)

	原級(主な意味)	比較級	最上級
①	billig （ ）		
②	teuer （ ）		
③	jung （ ）		
④	kalt （ ）		
⑤	nah* （ ）		

B 次の(   )にふさわしい形容詞を入れなさい。必要に応じて比較変化させたり、格語尾を付けたりすること。

077

1） Kanako verdient so （   ） wie ihr Mann.

香奈子は自分の夫と同じくらい<u>多く</u>稼ぐ。

2） Wer hat am （   ） Fußball gespielt?

誰が<u>一番上手に</u>サッカーをしましたか?

3） Heute war der （   ） Tag in diesem Winter.

今日はこの冬で<u>一番寒い</u>日だった。

4） Dieses Buch ist am （   ） in der Buchhandlung hier.

この本がこの書店内で<u>一番高価</u>だ。

C 日本語をドイツ語にしなさい。

078

1） 私の家(mein Haus)は、あの家(jenes Haus)ほど古く(alt)ない。

_____

2） マティアス(Matthias)はゾフィー(Sophie)よりも上手に(gut)料理をする(kochen)。

_____

3） この商品(diese Ware)が今(jetzt)一番多く(viel)売れている(sich⁴ verkaufen)。

[「この商品が」を文頭にし、am＋最上級enを使うこと]

_____

❶ 動作受動 「～される」

「～する」の能動態に対して、「～される」の意味の文は受動態と言います。

・作り方 ➡ 動作受動の助動詞 werden ... 過去分詞（文末）

【能動態】 Der Lehrer lobt den Schüler. その先生がその生徒をほめる。
　　　　　　 1格S　　　　　 4格O

【受動態】 Der Schüler wird von dem Lehrer gelobt. その生徒がその先生によってほめられる。
　　　　　　 S　　 V　　　　 動作主　 過去分詞
　　　　　 （動作受動の助動詞）

注 能動態の4格目的語だけが、受動態の文の主語になります。動作主（「～によって」の部分）は原則として von＋3格で表します。

受動態の文の時制は、受動の助動詞が担当します。

〔現在〕 Der Schüler wird von dem Lehrer gelobt.
　　　　　　　　 受動の助動詞：現在形

〔過去〕 Der Schüler wurde von dem Lehrer gelobt.
　　　　　　　　 受動の助動詞：過去形

〔現在完了〕 Der Schüler ist von dem Lehrer gelobt worden.
　　　　　　　 完了の助動詞　　　　　　　 受動の助動詞の過去分詞

❷ man を主語にした能動態の文を受動態の文に変える場合

不特定の人を表す代名詞 man は、受動態の文では von＋3格の動作主として表しません。

【能動態】 Man spricht in Japan Japanisch. 日本では日本語を話す。
　　　　　　 S　 V　　　　　 4格O
　　　　　 ↑このmanは主語だがもともと目立たない脇役的な位置づけ。

【受動態】 Japanisch wird in Japan gesprochen. 日本では日本語が話される。
　　　　　　　　　　　　 ↑「不特定の誰かによって」という動作主は、さらに脇役になるので省略。

❸ 状態受動 「～されている」

ある動作を受けた結果が続いている状態を表します。時制は現在と過去の2つだけです。

・作り方 ➡ 状態受動の助動詞 sein ... 他動詞の過去分詞（文末）

〔現在〕 Das Kaufhaus ist heute den ganzen Tag geschlossen.
　　　　　　　　　　 状態受動の助動詞　　　　　　　　　 過去分詞

　　　そのデパートは今日は終日閉店だ（閉められている）。

〔過去〕 Das Kaufhaus war gestern geschlossen.
　　　　そのデパートは昨日は閉店だった（閉められていた）。

Ü bungen

DL 080

A ( )に入るのにふさわしい受動の助動詞と過去分詞を入れなさい。

➡ 過去分詞として使ってほしい動詞の原形 【öffnen / singen / trinken】

1） In Deutschland ( ) viel Bier ( ).

ドイツではたくさんビールが飲まれる。

2） Dieser Schlager ( ) von Jungen gern ( ).

このポップソングが若者たちによって好んで歌われる。

3） Am Freitag ( ) das Museum bis 20 Uhr ( ).

金曜日、その美術館は20時まで開館している（開けられている）。

DL 081

B 次の文を能動態から受動態へ書き換えなさい。

1） Der Vater fotografiert die Kinder.

_____

2） Die Großmutter erzog Sophie.

_____

3） In Zürich isst man Geschnetzeltes.

※ゲシュネッツェルテス。スイス・チューリヒ地方の牛肉料理。

_____

4） Meine Tante schenkte mir ein Glückwunschgeschenk.

_____

DL 082

C 日本語をドイツ語にしなさい。

1） この長編小説(dieser Roman)はある有名な作家(ein berühmter Schriftsteller)によって書か (schreiben)れた。

_____

2） その会社(die Firma)は約(ungefähr)30年前(vor)に創立(gründen)された。

_____

3） 大学図書館 (die Universitätsbibliothek) はパンデミック (die Pandemie) のため (wegen) 短時間 (eine kurze Zeit)だけ(nur)開館(öffnen)している。[状態受動で解答すること]

_____

関係代名詞

代名詞と接続詞両方の役目をあわせ持つのが関係代名詞です。先行詞付きのものとそうでないものがあります。

① 定関係代名詞

先行詞付きの関係代名詞です。先行詞と性・数を一致させて使います。

	m.	f.	n.	pl.
1格	der	die	das	die
2格	*dessen*	*deren*	*dessen*	*deren*
3格	dem	der	dem	*denen*
4格	den	die	das	die

Ich kenne den Mann, der dort steht.　あそこにいる男性を私は知っている。
　　　　　　先行詞 m.　　m.1格　　　（v）

Ich kenne den Mann, dessen Frau Deutsche ist.
　　　　　　先行詞 m.　　m.2格　　（s）　　　　　　（v）

奥さんがドイツ人であるその男性を私は知っている。

Ich kenne den Mann, dem die Kinder sehr danken.
　　　　　　先行詞 m.　　m.3格　　　（s）　　　　　（v）

子どもたちがとても感謝しているその男性を私は知っている。

Ich kenne den Mann, den jeder mag.
　　　　　　先行詞 m.　　m.4格　（s）　　（v）

誰もが好きな（誰にでも好かれる）その男性を私は知っている。

② 不定関係代名詞

先行詞なしで使える関係代名詞。「〜な人」はwer、「〜なもの・こと」はwasで表します。

	〜な人	〜なもの・こと
1格	wer	was
2格	wessen	−
3格	wem	−
4格	wen	was

Wer tatsächlich in Not ist, soll gerettet werden.　本当に困っている人が救われるべきだ。

Dieser Professor hört nie, was die Studenten ihm sagen.

この教授は学生が言っていることに決して耳を傾けない。

③ 先行詞＋不定関係代名詞

不定関係代名詞wasは、das（それ）・etwas（何かあるもの）・nichts（何も〜ないこと）・alles（すべてのこと）・形容詞が名詞化した語などを先行詞にする場合があります。

Das ist *alles*, was ich sagen will.　これが、私が言いたいことのすべてだ。

Übungen

A （　　）にふさわしい関係代名詞を入れなさい。　🎧 **084**

1） Der Zug, （　　　　　） nach Sendai abgefahren ist, hatte über 50 Minuten Verspätung.

仙台行きのその列車は50分以上遅れていた。

2） Die alte Frau, （　　　　） Maki geholfen hat, hat ihr herzlich gedankt.

マキが助けたその老婦人は彼女に心から感謝した。

3） （　　　　） sich egoistisch benimmt, bekommt keine Hilfe.

自己中心的に振舞う人は助けてもらえない。

B 下線部を先行詞にして、2つの文を1つにしなさい。　🎧 **085**

1） Das ist der Gebrauchtwagen.　Mein Vater fährt den Gebrauchtwagen.

_____

2） Wir treffen uns heute in dem Café.　Das Café bietet guten Kaffee an.

_____

3） Die Studenten waren nett.　Die Studenten haben mir den Weg erklärt.

_____

4） Ich habe eine Freundin.　Ihre Mutter ist eine berühmte Sängerin.

_____

C 日本語をドイツ語にしなさい。　🎧 **086**

1） ファビアン（Fabian）は、自分が買った（kaufen）本（die Bücher）をすぐには読ま（lesen）ない。

（すぐには～しない：nicht gleich）

_____

2） こちら（das）が、非常に（sehr）上手に（gut）サッカーをする（Fußball spielen）少年（der Junge）です。

_____

3） 私がほしい（möchte）ものは、その店（das Geschäft）にはない（nicht）。（～がある：es gibt ~⁴格）

_____

53

接続法第Ⅰ式

❶ 直説法・命令法・接続法

　　ある事柄を事実として述べる方法を直説法と言います。相手に命令や要請を述べる方法は命令法と言い、命令文で表します。接続法は、ある事柄を他人のことばとして間接的に伝えたり、事実ではない仮定の話を伝えたりするときの方法です。事実とどれだけかけ離れているかに応じて、第Ⅰ式と第Ⅱ式に区別します。

【直説法】　　　　　Er ist Millionär.　　　　彼は富豪だ。（事実として述べる）

【接続法第Ⅰ式】（Man sagt,）Er sei Millionär.　彼は富豪だ（と誰かが言う）。（事実かどうかは保留）

【接続法第Ⅱ式】（Man nimmt an,）Er wäre Millionär.

　　　　　　　　　　　　　　　　彼は富豪だ（と誰かが想像する）。（事実に反することを述べる）

❷ 接続法第Ⅰ式の作り方

　　不定詞をもとにして人称変化します。接続法になると、直説法のときの規則動詞と不規則動詞の区別は原則としてなくなりますが、sein だけは例外的な人称変化をします。

	人称変化	規則動詞	不規則動詞	
		wohnen 住む	haben 持っている	sein ～である
ich	－ e	wohne	habe	sei
du	－ est	wohnest	habest	sei(e)st
er/sie/es	－ e	wohne	habe	sei
wir	－ en	wohnen	haben	seien
ihr	－ et	wohnet	habet	seiet
sie/Sie	－ en	wohnen	haben	seien

❸ 接続法第Ⅰ式の用法

１）**要求話法**：祈願や要求を述べる用法です。

　　Man nehme täglich drei Tabletten.　　　1日3錠服用のこと。

　　Gott sei Dank!　（「神に感謝がありますように」から転じて）やれやれ、助かった！

２）**間接話法**：他人のことばを伝える用法です。　注：疑問文の間接話法は巻末「文法の補足」を参照。

【直接話法】Er sagte: „Ich bin Student."　　　「僕は学生です」と彼は言った。

【間接話法】Er sagte, er sei Student.　　　　彼は自分が学生だと言った。

　　発言部の時制が過去・現在完了・過去完了の場合、間接話法ではすべて「完了の助動詞の接続法第Ⅰ式 ... 過去分詞」で言い換えます。

【直接話法】Er sagte: „Ich war Student."　　　「僕は学生だった」と彼は言った。

【間接話法】Er sagte, er sei Student gewesen.　彼は自分が学生だったと言った。

Übungen

A 次の動詞を接続法第Ⅰ式で人称変化させなさい。

	①sprechen 話す	②fahren 乗り物で行く	③können ～できる
ich			
du			
er/sie/es			
wir			
ihr			
sie/Sie			

B 次の下線部の動詞や助動詞を接続法第Ⅰ式にして、（　）に入れなさい。　🎧088

1) Miki sagt：„Ich <u>komme</u> aus Kanagawa und <u>wohne</u> jetzt in Tokyo.“
   ➡ Miki sagt, sie（　　　）aus Kanagawa und（　　　）jetzt in Tokyo.
   ミキは自分が神奈川出身で、いま東京に住んでいると言う。

2) Klaus hat mich gefragt: „Wann <u>bist</u> du aus dem Urlaub zurückgekommen?“
   ➡ Klaus hat mich gefragt, wann ich aus dem Urlaub zurückgekommen（　　　）.
   私が休暇からいつ戻ったのか、クラウスは私に尋ねた。

3) Gisela sagte zu mir: „Ich <u>kann</u> dich dieses Wochenende nicht treffen.“
   ➡ Gisela sagte mir, sie（　　　）mich dieses Wochenende nicht treffen.
   ギーゼラは私とこの週末会えないと私に言った。

4) Der Mann fragt sie: „<u>Haben</u> Sie einmal das Museum besucht?“
   ➡ Der Mann fragt sie, ob sie einmal das Museum besucht（　　　）.
   彼女が一度その美術館を訪れたかどうか、その男性は彼女に尋ねた。

C 日本語をドイツ語にしなさい。全問すべて間接話法を使って解答すること。　🎧089

1) アキラ（Akira）は、自分が毎日（jeden Tag）ドイツ語（Deutsch）を勉強している（lernen）と言っている（sagen）。

   _____

2) ゾフィー（Sophie）は、自分はかつて（schon）一度（einmal）日本へ（nach Japan）行った（fahren）ことがあると言った（sagen）。

   _____

3) トーマス（Thomas）は非常に（sehr）上手に（gut）日本語（Japanisch）を話す（sprechen）と、マックス（Max）が私に言った（sagen）。

   _____

55

1 接続法第Ⅱ式の作り方

過去基本形をもとにして人称変化させます。規則動詞の場合は直説法過去と同形です。不規則動詞の場合は、過去基本形にウムラオトできる母音があるとき、接続法第Ⅱ式では大抵ウムラオトしますが、例外もあるので辞書でこまめに確認しましょう。

	人称変化	規則動詞 （ ）は過去基本形	不規則動詞 （ ）は過去基本形	
		wohnen 住む	haben 持っている	sein 〜である
		(wohnte)	(hatte)	(war)
ich	− e	wohnte	hätte	wäre
du	− (e)st	wohntest	hättest	wärest
er/sie/es	− e	wohnte	hätte	wäre
wir	− (e)n	wohnten	hätten	wären
ihr	− (e)t	wohntet	hättet	wäret
sie/Sie	− (e)n	wohnten	hätten	wären

2 接続法第Ⅱ式の用法　1）非現実話法

事実に反することを述べる用法です。英語の仮定法に当てはまります。

【現在の時点についての非現実話法】

主文と副文それぞれの定動詞を接続法第Ⅱ式にします。

Wen ich Zeit hätte, ginge ich zum Einkaufen in die Stadt.
┗── 前提部（もし〜なら）──┛┗────── 帰結部（〜するのに）──────┛

もし時間があれば、私は町へ買い物に行くのに。

sein、haben、話法の助動詞以外は、「未来の助動詞の接続法第Ⅱ式würde ... 不定詞」で表すこともできます（その方が簡単です）。

Wen ich Zeit hätte, würde ich zum Einkaufen in die Stadt gehen.

【過去の時点についての非現実話法】

主文と副文の動詞をそれぞれ完了形形式で表し、完了の助動詞だけ接続法第Ⅱ式にします。

Wen ich Zeit gehabt hätte, wäre ich zum Einkaufen in die Stadt gegangen.

もし時間があったなら、私は町へ買い物に行ったのだが。

3 接続法第Ⅱ式の用法　2）婉曲話法（外交的接続法）

丁寧な依頼や控えめな欲求を表します。

Ich möchte Frau Meier sprechen.　マイヤーさんと会ってお話ししたいのですが。

Ich hätte gern ein Haferl Kaffee.　マグカップ1杯のコーヒーをいただきたいのですが。

Könnten Sie mir bitte einen Salzstreuer geben?　塩入れを取っていただけませんか。

Übungen

A 次の動詞を接続法第Ⅱ式で人称変化させなさい。

	①sprechen 話す	②werden ～になる	③können ～できる
ich			
du			
er/sie/es			
wir			
ihr			
sie/Sie			

B 次の下線部の動詞や助動詞を接続法第Ⅱ式にして、全文を書き換えなさい。

1） Wenn wir Geld <u>haben</u>, <u>werden</u> wir ins Ausland reisen.

➡私たちにお金があれば、外国へ旅行するのに。

2） Ich <u>bin</u> Ihnen sehr dankbar, wenn Sie so bald wie möglich meine E-Mail beantworten <u>werden</u>.

➡できるだけ早く私のメールにご返事いただけると、とてもありがたいのですが。

3） <u>Kannst</u> du mir bei der Arbeit helfen?

➡私の仕事を手伝ってくれないかしら。

4） Wenn Fabian noch fleißiger <u>arbeitete</u>, <u>konnte</u> er bessere Noten bekommen.

➡ファビアンがもっと熱心に勉強していたら、より良い成績を彼はもらえただろうに。

C 日本語をドイツ語にしなさい。

1） 私は野菜サラダ(ein Gemüsesalat) 1つと紅茶(ein Tee)を1杯いただきたいのですが。

_____

2） どのレストラン(welches Restaurant)がお勧め(empfehlenswert)なのか、教えて(zeigen)いただけますでしょうか。[ヒント：間接疑問文「どのレストランが～なのか」は直説法で書いてよい。「いただけますでしょうか？」のところだけ接続法第Ⅱ式にすること]

_____

3） もし今(jetzt)伝染病(die Seuche)が流行って(sich⁴ aus|breiten)いな(nicht)ければ、私たちは自由に(unbeschränkt)旅行(reisen)できる(können)のに。

_____

数詞の補足

1 基数

0	null	10	zehn	20	zwanzig	30	dreißig
1	eins	11	elf	21	einundzwanzig	40	vierzig
2	zwei	12	zwölf	22	zweiundzwanzig	50	fünfzig
3	drei	13	dreizehn	23	dreiundzwanzig	60	sechzig
4	vier	14	vierzehn	24	vierundzwanzig	70	siebzig
5	fünf	15	fünfzehn	25	fünfundzwanzig	80	achtzig
6	sechs	16	sechzehn	26	sechsundzwanzig	90	neunzig
7	sieben	17	siebzehn	27	siebenundzwanzig	100	[ein] hundert
8	acht	18	achtzehn	28	achtundzwanzig		
9	neun	19	neunzehn	29	neunundzwanzig		

1 000 [ein] tausend	2 000 zweitausend	10 000 zehntausend	
100 000 hunderttausend	1 000 000 eine Million	2 000 000 zwei Millionen	

2,5 Millionen = zwei Komma fünf Millionen

Wie viel kostet das?／Was kostet das? それはいくら(の値段)ですか。

— Das kostet einen Euro. それは1ユーロします。

注：1ユーロの場合、不定冠詞を使います。

Die Tasche kostet 36 Euro. そのバッグは36ユーロします。

2 序数

[0. nullt]	10. zehnt	20. zwanzigst	30. dreißigst
1. erst	11. elft	21. einundzwanzigst	40. vierzigst
2. zweit	12. zwölft	22. zweiundzwanzigst	50. fünfzigst
3. dritt	13. dreizehnt	23. dreiundzwanzigst	60. sechzigst
4. viert	14. vierzehnt	24. vierundzwanzigst	70. siebzigst
5. fünft	15. fünfzehnt	25. fünfundzwanzigst	80. achtzigst
6. sechst	16. sechzehnt	26. sechsundzwanzigst	90. neunzigst
7. sieb[en]t	17. siebzehnt	27. siebenundzwanzigst	100. hundertst
8. acht	18. achtzehnt	28. achtundzwanzigst	1 000. tausendst
9. neunt	19. neunzehnt	29. neunundzwanzigst	

Der wievielte ist heute? 今日は何月何日ですか。

— Heute ist der 21.(einundzwanzigst*e*) Juli. 今日は7月21日です。

同じ意味の会話は、以下のような言い方をすることもできます。

Den wievielten haben wir heute?

— Heute haben wir den 21(einundzwanzigst*en*) Juli.

❸ 西暦

1989	neunzehnhundertneunundachtzig
2022	zweitausendzweiundzwanzig

Renate ist am 9.(neunt*en*) September 1999 in Berlin geboren.

レナーテは1999年9月9日にベルリンで生まれました。

❹ 時刻表現

24時間制（公式表示）と12時間制（口語表現）の2つがあります。24時間制では「〜時」にあたるUhrを必ず入れます。

	24時間制	12時間制
17：00	siebzehn Uhr	fünf
17：10	siebzehn Uhr zehn	zehn nach fünf
17：15	siebzehn Uhr fünfzehn	Viertel nach fünf
17：20	siebzehn Uhr zwanzig	zwanzig nach fünf zehn vor halb sechs
17：30	siebzehn Uhr dreißig	halb sechs
17：45	siebzehn Uhr fünfundvierzig	Viertel vor sechs
17：55	siebzehn Uhr fünfundfünfzig	fünf vor sechs

Um wie viel Uhr beginnt die Vorlesung? 何時に講義は始まりますか。

— Sie beginnt um zehn Uhr dreißig. それは10時30分に始まります。

Er kommt gegen fünf vor sechs zurück. 彼は6時5分前ごろに帰ってきます。

文法の補足

① 注意すべき現在人称変化

規則動詞であっても、語幹の最後の文字によっては、原則通りの変化をしない場合があります。

	①語幹が -d, -t などで終わる動詞	②語幹が -s, -ß, -z などで終わる動詞
	arbeiten 働く・勉強する	**heißen** 〜という名前である
ich	arbeite	heiße
du	arbeitest	heißt
er/sie/es	arbeitet	heißt
wir	arbeiten	heißen
ihr	arbeitet	heißt
sie/sie	arbeiten	heißen

①の場合、主語が2人称単数、3人称単数、2人称複数のとき、発音しやすいように口調のeを入れます。②の場合、主語が2人称単数のときは、これも発音しやすくするために人称語尾が -t となります。

Wo **arbeitest** du? — Ich arbeite bei Siemens.

君はどこで働いているの？　　私はジーメンスで働いています。

Wie **heißt** du? — Ich heiße Mirjam.

君の名前は何というの？　　私の名前はミリヤムというのよ。

② 男性弱変化名詞

男性名詞の中には、単数1格以外すべて名詞の後ろに -(e)n を付けて格変化するものがあります。格変化の仕方が単調なため、こうした男性名詞を男性弱変化名詞と呼びます。

単数	1格	der Student 男子学生 -en/-en	der Hase ウサギ -n/-n	der Herr 紳士・主人・(男性の敬称)〜氏 -n/-en
	2格	des Studenten	des Hasen	des Herrn
	3格	dem Studenten	dem Hasen	dem Herrn
	4格	den Studenten	den Hasen	den Herrn
複数	1格	die Studenten	die Hasen	die Herren
	2格	der Studenten	der Hasen	der Herren
	3格	den Studenten	den Hasen	den Herren
	4格	die Studenten	die Hasen	die Herren

Ich kenne **den Studenten** gut. 私はその学生をよく知っている。

Kann ich heute **Herrn Schneider** sprechen? 今日シュナイダーさんと面談はできますか？

③ 3格と4格の語順

【両方名詞】	3格・4格の順番	Wir geben der Frau Blumen.	私たちはその女性に花をあげる。
【片方が代名詞】	代名詞・名詞の順番	Wir geben ihr Blumen.	私たちは彼女に花をあげる。
		Wir geben sie der Frau.	私たちはそれらをその女性にあげる。
【両方代名詞】	4格・3格の順番	Wir geben sie ihr.	私たちはそれらを彼女にあげる。

④ 前置詞と代名詞の融合形

前置詞は、もの・ことを表す代名詞と1語になって融合形を作ることができます。その場合、da(r)＋前置詞となります。

Ich schreibe mit <u>dem Füller</u>.　　私は万年筆を使って書く。

➡ Ich schreibe mit <u>ihm</u>.　　私はそれを使って書く。
　　　　　　　　　　　　　　　　⬆ものを表す代名詞

➡ Ich schreibe **damit**.　　私はそれを使って書く。

人を表す代名詞とは融合しませんので、気をつけましょう。

Anna tanzt mit <u>Klaus</u>.　　アンナはクラウスと踊る。

➡ Anna tanzt mit <u>ihm</u>.　　アンナは彼と踊る。
　　　　　　　　　　　　⬆人を表す代名詞。ここからさらに融合形は作れません！

⑤ 前置詞と疑問詞の融合形

前置詞は、もの・ことを表す疑問代名詞wasと1語になって融合形を作ることができます。その場合、wo(r)＋前置詞となります。

Mit <u>was</u>* schreibst du?　　君は何を使って書くの？　（注：口語ではmit wasを使うことがあります）

➡ **Womit** schreibst du?　　君は何を使って書くの？

Auf was warten Sie?　　あなたは何を待っているのですか？

➡ **Worauf** warten Sie?　　あなたは何を待っているのですか？

⑥ 分詞

1）現在分詞

原則として、不定詞＋dで表します。ただし、seinとtunだけは例外です。

singen 歌う　➡ sing**en**d

sein ～である ➡ sei**end** ／ tun する ➡ tu**end**

用法は形容詞と同じで、述語的用法・副詞的用法・付加語的用法の3つです。

【述語的用法】	Der Roman ist spannend.	その小説は（手に汗握るように）面白い。
【副詞的用法】	Der alte Mann geht singend spazieren.	その老人は歌いながら散歩する。
【付加語的用法】	Den singenden Mann kenne ich nicht.	その歌っている男性を私は知らない。

２）過去分詞

完了時制や受動態で使う過去分詞も、形容詞として使えます。自動詞由来の過去分詞は完了（～してしまった）、他動詞由来の過去分詞は受動（～された）の意味で使います。用法は現在分詞と同じです。

【述語的用法】	Die Schauspielerin ist verheiratet.	その女優は既婚だ。
【副詞的用法】	Er kam atemlos gerannt.	彼は息せき切って駆け付けた。
	Das ist ausgesprochen schlimm.	それは明らかにひどい。
【付加語的用法】	Im vergangenen Jahr wütete eine Seuche in der ganzen Welt.	

去年は疫病が世界中で猛威を振るっていた。

Frau Müller ist eine ausgezeichnete Ärztin.　ミュラーさんは卓越した医師だ。

❼ 関係副詞

先行詞が場所を意味する名詞の場合、関係副詞 wo を使って関係文を作ることができます。

Das ist das Hotel, **in dem** ich heute übernachte.　これが、今日私が泊まるホテルだ。

➡ Das ist das Hotel, wo ich heute übernachte.

先行詞が「原因」という意味の名詞の場合は、関係副詞として warum が使えます。

Ich weiß den Grund, warum sie nicht kommt.　彼女が来ない理由を私は知っている。

❽ 自動詞の受動態

能動態の文の中には、４格目的語がないものがあります。その場合、受動態の文の主語として、形式上の主語 es を立てます。

【能動文】　Lola half der alten Dame.　ローラはその老婦人に手助けする。

⬇

【受動文】　Es wurde der alten Dame von Lola geholfen.
　　　　　 = Der alten Dame wurde von Lola geholfen.　その老婦人はローラに手助けされる。

受動文の形式上の主語 es は、文中に入ると省略されます。

❾ 疑問文の間接話法

　発言部が疑問文の場合、間接疑問文形式にして間接話法に切り替えます。必要に応じて主語を書き換えたり、定動詞を接続法第Ⅰ式に書き換えたりするのは、平叙文の間接話法のときと同じです。

１）発言部が疑問詞付き疑問文の場合　➡　疑問詞で始まる間接疑問文にします。

【直接話法】　Er fragte sie: „Wann fährst du nach Kyoto?"
　　　　　　「君はいつ京都へ行くの？」と彼は彼女に尋ねた。

【間接話法】　Er fragte sie, wann sie nach Kyoto fahre.
　　　　　　彼女がいつ京都へ行くのか彼は彼女に尋ねた。

２）発言部が疑問詞なしの疑問文の場合　➡　従属接続詞 ob を加えて間接疑問文にします。

【直接話法】　Er fragte sie: „Fährst du nach Kyoto?"
　　　　　　「君は京都へ行くの？」と彼は彼女に尋ねた。

【間接話法】　Er fragte sie, ob sie nach Kyoto fahre.
　　　　　　彼女が京都へ行くかどうか彼は彼女に尋ねた。

1 自己紹介 (Lektion 1-3)

【DIALOG】

Klaus und Lola sind in der Mensa[1] an einer Uni[2] in München.

Klaus : Entschuldigung, ist hier noch frei?

Lola : Ja, bitte.

Klaus : Bist du hier neu?

Lola : Ja, ich bin im ersten Semester[3].

Klaus : Ach so. Ich auch. Ich heiße Klaus. Wie heißt du?

Lola : Ich bin Lola. Ich komme aus Stuttgart. Woher kommst du?

Klaus : Ich komme aus Köln.

Lola : Sehr schön ! ... Oh, bald beginnt der Unterricht[4]. Also tschüs, Klaus !

Klaus : Tschüs, Lola !

【TEXT】

Sie heißt Lola Fischer.

Sie ist Studentin.

Sie kommt aus Stuttgart.

Sie wohnt in München.

Er heißt Klaus Müller.

Er ist Student.

Er kommt aus Köln.

Er wohnt in München.

---

[1] in der Mensa：学生食堂(の中)に

[2] an einer Uni：ある大学の

[3] im ersten Semester sein：1学期目である(日本で言えば「1年生である」)

[4] der Unterricht：授業(der は英語の定冠詞the に相当)

② 趣味 (Lektion 4-8)

【DIALOG】

Später trifft Klaus Lola wieder.

Klaus: Hallo, Lola! Hierher!

Lola : Hallo, Klaus! Hast du heute keinen Unterricht mehr?

Klaus: Nein. Ich mache jetzt meine Hausaufgaben hier. Übrigens, was hast du da?

Lola : Das ist eine Flöte. Ich spiele gern Flöte.

Klaus: Hörst du auch gern Musik?

Lola : Ja, natürlich. Musik hören ist auch mein Hobby. Was ist dein Hobby, Klaus?

Klaus: Ich fahre gern Rad. Ich sehe auch Filme sehr gern.

Lola : Ich auch! Ich sehe gern Zeichentrickfilme aus Japan[1]. Welche Filme siehst du gern?

Klaus: Ich sehe gern Kriminalfilme.

【TEXT】

Lola spielt gern Flöte und hört auch Musik.

Sie sieht gern Filme, besonders Zeichentrickfilme aus Japan.

Sie hat eine Schwester.

Ihre Schwester heißt Sophie.

Sie sieht auch sehr gern Zeichentrickfilme aus Japan.

Klaus fährt gern Fahrrad.

Filme sehen ist auch sein Hobby.

Er sieht gern Kriminalfilme.

Er hat einen Bruder.

Sein Bruder heißt Fabian.

Fabian sieht nicht so gern Filme, aber er liest gern Comics.

---

[1] Zeichentrickfilme aus Japan：日本のアニメ映画(複)

【DIALOG】

Lola spricht mit Klaus über das Mittagessen.

Lola : Es ist schon Mittag. Aber ich habe schon das Essen der Mensa satt.

Klaus: Dann gehen wir ins Restaurant essen!

Lola : Gute Idee[1]! Welches Restaurant ist empfehlenswert?

Klaus: Ich glaube, das Restaurant Spatenhaus ist sehr gut. Bier und Wiener Schnitzel schmecken exzellent!

Lola : Wo liegt das Restaurant?

Klaus: Es liegt in der Nähe der Residenz.

Lola : Das ist nicht so weit von hier. Gut, ich komme mit.

【TEXT】

Lola isst mit Klaus im Restaurant zu Mittag.
Sie genießen zusammen dort Wiener Schnitzel.

Während des Essens spricht Lola über das Gericht ihrer Heimatstadt Stuttgart.
Sie sagt, es gibt in Stuttgart Maultaschen. Sie bestehen meistens aus Nudelteig, Hackfleisch und Zwiebeln. Sie isst Maultaschen sehr gern.

Klaus ist Kölner, deswegen spricht er über Essen und Trinken aus Köln.
Er sagt, in Köln trinkt man vor allem das Bier „Kölsch". Rheinischer Sauerbraten schmeckt gut. Er ist aus Rindfleisch und Rotwein. Dazu isst man auch Knödel.

Lola und Klaus finden deutsches Essen[2] vielfältig.

---

[1] Gute Idee：いい考えだね
[2] deutsches Essen：ドイツ料理

4 美術館・博物館（Lektion 13-17）

【DIALOG】

Im Café unterhalten sich Lola und Klaus über den Plan am Wochenende.

Klaus : Hast du am nächsten Samstag schon etwas vor?

Lola : Ich gehe mit meinen Freundinnen ins Kino.

Klaus : Hast du am Sonntag Zeit?

Lola : Ja. Am Sonntag habe ich Zeit. Warum?

Klaus : Ich möchte die Alte Pinakothek besuchen. Aber es ist besser[1], mit Freunden zusammen Gemälde anzusehen und darüber plaudern zu können. Hast du Lust, sie mit mir zu besuchen?

Lola : Ja, gern. Die Alte Pinakothek will ich auf jeden Fall besuchen. Um wie viel Uhr treffen wir uns[2]?

Klaus : Um ein Uhr nachmittags vor dem Eingang der Alten Pinakothek. Fünf vor eins werde ich auf dich dort warten. Geht das?

Lola : Ja, natürlich !

【TEXT】

Am Sonntag besuchen Lola und Klaus die Alte Pinakothek. Sie besitzt viele berühmte Gemälde vom 14. bis zum 18. Jahrhundert, d.h., aus dem Zeitalter der Renaissance, des Barock und Rokoko. In München gibt es viele Museen. Neben der Alten Pinakothek steht die Neue Pinakothek. Dort kann man Gemälde vom 18. bis zum 20. Jahrhundert ansehen.

Im Zentrum von München gibt es die Residenz. Dort gibt es unzählige Schätze der Wittelsbacher. Neben ihren Kleinodien kann man chinesische und japanische Porzellane besichtigen. In der Residenz jobben viele Leute als Aufseher. Sie zeigen und erklären Besuchern die Richtung. Die Aufseher an den Enden[3] der Residenz sind sehr freundlich. Eine Aufseherin spricht die Besucher nett an. Ein Aufseher in einer anderen Abteilung spricht Besucher aus Japan auf Japanisch an, weil er großes Interesse an Japan und japanischer Kultur hat.

Wenn man Museen in München besucht, kann man wohl neue Dinge entdecken.

---

[1] besser：より良い（gut の比較級で、英語の better に相当）
[2] treffen wir uns：お互いに会う、待ち合わせる。ここでの uns は、英語で言う再帰代名詞 ourselves と同じ。
[3] Enden（<Ende）：（建物などの）端、奥

5 祭り (Lektion 18-22)

【DIALOG】

Lola fragt Klaus danach, wie er die Weihnachtsferien verbracht hat.

Lola : Was hast du letzte Weihnachten gemacht?

Klaus : Ich bin nach Hause nach Köln zurückgefahren. Ich habe den Kölner Dom besichtigt. Den Weihnachtsabend habe ich mit meiner Familie still zu Hause verbracht. Und du?

Lola : Ich bin auch in meine Heimatstadt nach Stuttgart zurückgefahren. Bis vor Weihnachten hat der Stuttgarter Weihnachtsmarkt stattgefunden und ich bin dorthin gegangen. Da habe ich Lebkuchen gekauft und vor einem Stand[1] ein Wurstbrot gegessen.

Klaus : Sehr schön ! Der Stuttgarter Weihnachtsmarkt ist berühmt. Hast du auch Glühwein getrunken?

Lola : Ja, natürlich ! Wurstbrot und Glühwein nehme ich am liebsten in der so kalten Weihnachtszeit !

Klaus : Tja, du interessierst dich doch mehr für Essen und Trinken als stille Weihnachten …

---

[1] Stand：露店

【TEXT】

In deutschsprachigen Ländern gibt es neben Weihnachten verschiedene Feste im Winter.

In der bergigen Gegend der Schweiz feiert man zu Silvester.
An dem Tag besuchen Kläuse[2] aus dem Wald oder dem Berg die dortigen Einwohner.
Mit Jodeln und Schellen vertreiben sie Unglück aus der Gegend und wünschen den Einwohnern Glück für das kommende Jahr.

Im Februar oder März findet der Karneval statt.
Schon seit dem vorigen Jahr freuen sich die Leute auf den Karneval.
Karneval nennt man je nach den Gegenden auch Fasnet oder Fasching.
Im Karneval in den großen Städten wie Köln streut man Bonbons und Schokolade aus dem Karnevalszug, darüber freuen sich die meisten Kinder sehr.

In Süddeutschland und Österreich gibt es interessante Fastnachtstraditionen.
In Rottweil, eine Stunde von Stuttgart entfernt, findet der Rottweiler Narrensprung[3] statt.
In Axams, westlich von Innsbruck, kann man Wampelerreiten[4] ansehen.
Karneval kündigt uns den kommenden Frühling an.

---

[2] Kläuse：クロイゼ(大晦日に町へ降りてくる精霊)
[3] Rottweiler Narrensprung：南西ドイツの小都市ロットヴァイルの「愚者の跳躍行列」。カーニバル時にさまざまな愚者が見物客にいたずらをしつつ、飛び跳ねながら練り歩く。
[4] Wampelerreiten：ヴァンペラーライテン。インスブルック近郊の村アクサムスで行われる行事で、あえて和訳するなら「太った男狩り」。白いシャツの中に干し草を詰めて腹、背中、肩、腕を太くさせた男たち(Wampeler)が、上体を低くした独特の体勢で練り歩く。Reiterと呼ばれる男たちがWampelerの背中に覆いかぶさって倒す。Wampelerは冬、Reiterは春を象徴する。ReiterがWampelerを倒すことで、春の到来を表現する。

著者紹介
橋本由紀子（はしもと　ゆきこ）
東京理科大学ほか非常勤講師

プローベ　大学生のためのドイツ語文法

2022年 2 月 1 日　印刷
2022年 2 月10日　発行

著　者© 橋　本　由　紀　子
発行者　　及　川　直　志
印刷所　　株式会社梨本印刷

発行所　101-0052東京都千代田区神田小川町3の24
　　　　電話 03-3291-7811（営業部）, 7821（編集部）
　　　　www.hakusuisha.co.jp　　　　　　株式会社 白水社
　　　　乱丁・落丁本は、送料小社負担にてお取り替えいたします。

振替 00190-5-33228　　　　　　　　　　　株式会社島崎製本
ISBN978-4-560-06435-1

Printed in Japan

重版にあたり，価格が変更になることがありますので，ご了承ください．

不規則変化動詞

不　定　詞	過去基本形	過 去 分 詞	直説法現在	接 続 法 II
befehlen 命じる	**befahl**	**befohlen**	ich befehle du befiehlst er befiehlt	beföhle/ befähle
beginnen 始める, 始まる	**begann**	**begonnen**		begänne/ 稀 begönne
beißen 嚙む	**biss** du bissest	**gebissen**		bisse
biegen 曲がる(s); 曲げる(h)	**b<u>o</u>g**	**geb<u>o</u>gen**		b<u>ö</u>ge
bieten 提供する	**b<u>o</u>t**	**geb<u>o</u>ten**		b<u>ö</u>te
binden 結ぶ	**band**	**gebunden**		bände
bitten 頼む	**b<u>a</u>t**	**geb<u>e</u>ten**		b<u>ä</u>te
blasen 吹く	**blies**	**gebl<u>a</u>sen**	ich bl<u>a</u>se du bl<u>ä</u>st er bl<u>ä</u>st	bliese
bleiben とどまる(s)	**blieb**	**geblieben**		bliebe
braten (肉を)焼く	**briet**	**gebr<u>a</u>ten**	ich br<u>a</u>te du br<u>ä</u>tst er br<u>ä</u>t	briete
brechen 破れる(s); 破る(h)	**br<u>a</u>ch**	**gebrochen**	ich breche du brichst er bricht	br<u>ä</u>che
brennen 燃える, 燃やす	**brannte**	**gebrannt**		brennte
bringen もたらす	**brachte**	**gebracht**		brächte
denken 考える	**dachte**	**gedacht**		dächte
dringen 突き進む(s)	**drang**	**gedrungen**		dränge

不 定 詞	過去基本形	過 去 分 詞	直説法現在	接 続 法 II
dürfen …してもよい	**durfte**	**gedurft**/ **dürfen**	ich darf du darfst er darf	dürfte
empfehlen 勧める	**empfahl**	**empfohlen**	ich empfehle du empfiehlst er empfiehlt	empföhle/ empfähle
essen 食べる	**a͟ß**	**gegessen**	ich esse du isst er isst	ä͟ße
fahren (乗物で)行く (s, h)	**fuhr**	**gefahren**	ich fahre du fährst er fährt	führe
fallen 落ちる(s)	**fiel**	**gefallen**	ich falle du fällst er fällt	fiele
fangen 捕える	**fing**	**gefangen**	ich fange du fängst er fängt	finge
finden 見つける	**fand**	**gefunden**		fände
fliegen 飛ぶ(s, h)	**fl͟og**	**gefl͟ogen**		flöge
fliehen 逃げる(s)	**floh**	**geflohen**		flöhe
fließen 流れる(s)	**floss**	**geflossen**		flösse
fressen (動物が)食う	**fra͟ß**	**gefressen**	ich fresse du frisst er frisst	frä͟ße
frieren 寒い, 凍る (h, s)	**fro͟r**	**gefro͟ren**		frö͟re
geben 与える	**ga͟b**	**gege͟ben**	ich gebe du gibst er gi͟bt	gäbe
gehen 行く(s)	**ging**	**gegangen**		ginge
gelingen 成功する(s)	**gelang**	**gelungen**	es gelingt	gelänge
gelten 通用する	**galt**	**gegolten**	ich gelte du giltst er gilt	gälte/ gölte

不 定 詞	過去基本形	過 去 分 詞	直説法現在	接 続 法 II
genießen 楽しむ	**genoss** du genossest	**genossen**		genösse
geschehen 起こる(s)	**geschah**	**geschehen**	es geschieht	geschähe
gewinnen 得る	**gewann**	**gewonnen**		gewönne/ gewänne
gießen 注ぐ	**goss** du gossest	**gegossen**		gösse
gleichen 等しい	**glich**	**geglichen**		gliche
graben 掘る	**grub**	**gegraben**	ich grabe du gräbst er gräbt	grübe
greifen つかむ	**griff**	**gegriffen**		griffe
haben 持っている	**hatte**	**gehabt**	ich habe du hast er hat	hätte
halten 保つ	**hielt**	**gehalten**	ich halte du hältst er hält	hielte
hängen 掛かっている	**hing**	**gehangen**		hinge
heben 持ちあげる	**hob**	**gehoben**		höbe
heißen …と呼ばれる	**hieß**	**geheißen**		hieße
helfen 助ける	**half**	**geholfen**	ich helfe du hilfst er hilft	hülfe/ 稀 hälfe
kennen 知っている	**kannte**	**gekannt**		kennte
klingen 鳴る	**klang**	**geklungen**		klänge
kommen 来る(s)	**kam**	**gekommen**		käme

不定詞	過去基本形	過去分詞	直説法現在	接続法 II
können …できる	**konnte**	**gekonnt/** **können**	ich kann du kannst er kann	könnte
kriechen はう (s)	**kroch**	**gekrochen**		kröche
laden 積む	**lud**	**geladen**	ich lade du lädst er lädt	lüde
lassen …させる, 放置する	**ließ**	**gelassen/** **lassen**	ich lasse du lässt er lässt	ließe
laufen 走る, 歩く (s, h)	**lief**	**gelaufen**	ich laufe du läufst er läuft	liefe
leiden 苦しむ	**litt**	**gelitten**		litte
leihen 貸す, 借りる	**lieh**	**geliehen**		liehe
lesen 読む	**las**	**gelesen**	ich lese du liest er liest	läse
liegen 横たわっている	**lag**	**gelegen**		läge
lügen 嘘をつく	**log**	**gelogen**		löge
meiden 避ける	**mied**	**gemieden**		miede
messen 計る	**maß**	**gemessen**	ich messe du misst er misst	mäße
mögen 好む	**mochte**	**gemocht/** **mögen**	ich mag du magst er mag	möchte
müssen …しなければ ならない	**musste**	**gemusst/** **müssen**	ich muss du musst er muss	müsste
nehmen 取る	**nahm**	**genommen**	ich nehme du nimmst er nimmt	nähme
nennen 名づける	**nannte**	**genannt**		nennte

不定詞	過去基本形	過去分詞	直説法現在	接続法 II
preisen 称賛する	**pries**	**gepriesen**		priese
raten 助言する	**riet**	**ger_aten**	ich r_ate du r_ätst er r_ät	riete
reißen 裂ける(s); 裂く(h)	**riss** du rissest	**gerissen**		risse
reiten 馬で行く(s, h)	**ritt**	**geritten**		ritte
rennen 駆ける(s)	**rannte**	**gerannt**		rennte
riechen におう	**roch**	**gerochen**		röche
r_ufen 呼ぶ, 叫ぶ	**rief**	**ger_ufen**		riefe
schaffen 創造する	**sch_uf**	**geschaffen**		sch_üfe
scheiden 分ける	**schied**	**geschieden**		schiede
scheinen 輝く, …に見える	**schien**	**geschienen**		schiene
schelten 叱る	**schalt**	**gescholten**	ich schelte du schiltst er schilt	schölte
schieben 押す	**sch_ob**	**gesch_oben**		sch_öbe
schießen 撃つ, 射る	**schoss** du schossest	**geschossen**		schösse
schl_afen 眠る	**schlief**	**geschl_afen**	ich schl_afe du schläfst er schläft	schliefe
schl_agen 打つ	**schl_ug**	**geschl_agen**	ich schl_age du schlägst er schlägt	schl_üge
schließen 閉じる	**schloss** du schlossest	**geschlossen**		schlösse

不 定 詞	過去基本形	過 去 分 詞	直説法現在	接 続 法 II
schneiden 切る	**schnitt**	**geschnitten**		schnitte
***er*schrecken** 驚く	**erschr_a_k**	**erschrocken**	ich erschrecke du erschrickst er erschrickt	erschräke
schreiben 書く	**schrieb**	**geschrieben**		schriebe
schreien 叫ぶ	**schrie**	**geschrie[e]n**		schriee
schreiten 歩む(s)	**schritt**	**geschritten**		schritte
schweigen 黙る	**schwieg**	**geschwiegen**		schwiege
schwimmen 泳ぐ(s, h)	**schwamm**	**geschwommen**		schwömme/ schwämme
schw_ö_ren 誓う	**schw_o_r**	**geschw_o_ren**		schwüre/ 稀 schw_ö_re
sehen 見る	**sah**	**gesehen**	ich sehe du siehst er sieht	sähe
sein ある, 存在する	**w_a_r**	**gew_e_sen**	直説法現在　　接続法 I ich bin　　sei du bist　　sei[e]st er ist ·　　sei wir sind　　seien ihr seid　　seiet sie sind　　seien	wäre
senden 送る	**sandte/** **sendete**	**gesandt/** **gesendet**		sendete
singen 歌う	**sang**	**gesungen**		sänge
sinken 沈む(s)	**sank**	**gesunken**		sänke
sitzen 座っている	**s_a_ß**	**gesessen**		s_ä_ße
sollen …すべきである	**sollte**	**gesollt/** **sollen**	ich soll du sollst er soll	sollte

不　定　詞	過去基本形	過　去　分　詞	直説法現在	接　続　法 II
sprechen 話す	**sprach**	**gesprochen**	ich spreche du sprichst er spricht	spräche
springen 跳ぶ(s, h)	**sprang**	**gesprungen**		spränge
stechen 刺す	**stach**	**gestochen**	ich steche du stichst er sticht	stäche
stehen 立っている	**stand**	**gestanden**		stünde/ stände
stehlen 盗む	**stahl**	**gestohlen**	ich stehle du stiehlst er stiehlt	stähle/ 稀 stöhle
steigen 登る(s)	**stieg**	**gestiegen**		stiege
sterben 死ぬ(s)	**starb**	**gestorben**	ich sterbe du stirbst er stirbt	stürbe
stoßen 突く(h); ぶつかる(s)	**stieß**	**gestoßen**	ich stoße du stößt er stößt	stieße
streichen なでる	**strich**	**gestrichen**		striche
streiten 争う	**stritt**	**gestritten**		stritte
tragen 運ぶ	**trug**	**getragen**	ich trage du trägst er trägt	trüge
treffen 出会う	**traf**	**getroffen**	ich treffe du triffst er trifft	träfe
treiben 駆りたてる	**trieb**	**getrieben**		triebe
treten 踏む(h); 歩む(s)	**trat**	**getreten**	ich trete du trittst er tritt	träte
trinken 飲む	**trank**	**getrunken**		tränke
tun する, 行う	**tat**	**getan**		täte

不 定 詞	過去基本形	過 去 分 詞	直説法現在	接 続 法 II
verderben だめになる(s); だめにする(h)	**verdarb**	**verdorben**	ich verderbe du verdirbst er verdirbt	verdürbe
vergessen 忘れる	**vergaß**	**vergessen**	ich vergesse du vergisst er vergisst	vergäße
verlieren 失う	**verl̲o̲r**	**verl̲o̲ren**		verl̲ö̲re
wachsen 成長する(s)	**wu̲chs**	**gewachsen**	ich wachse du wächst er wächst	wü̲chse
waschen 洗う	**wu̲sch**	**gewaschen**	ich wasche du wäschst er wäscht	wü̲sche
weisen 指示する	**wies**	**gewiesen**		wiese
wenden 向きを変える	**wandte/** **wendete**	**gewandt/** **gewendet**		wendete
werben 募集する	**warb**	**geworben**	ich werbe du wirbst er wirbt	würbe
werden …になる(s)	**wurde**	**geworden/** 受動 **worden**	ich we̲rde du wirst er wird	würde
werfen 投げる	**warf**	**geworfen**	ich werfe du wirfst er wirft	würfe
wiegen 重さを量る	**w̲o̲g**	**gew̲o̲gen**		w̲ö̲ge
wissen 知っている	**wusste**	**gewusst**	ich weiß du weißt er weiß	wüsste
wollen 欲する	**wollte**	**gewollt/** **wollen**	ich will du willst er will	wollte
ziehen 引く(h); 移動する(s)	**z̲o̲g**	**gez̲o̲gen**		z̲ö̲ge
zwingen 強制する	**zwang**	**gezwungen**		zwänge